Bordar con bastidor

Bordar con bastidor

20 proyectos originales para el bordador contemporáneo

 GGDIY

Cristin Morgan

Título original: *Hoop Art. 20 Stylish Projects for the Modern Embroiderer.*
Publicado originariamente por Search Press Ltd en 2018
Concebido, diseñado y producido por Quarto Publishing plc

Directores artísticos: Emma Clayton y Caroline Guest
Director creativo: Moira Clinch
Diseño gráfico: Karin Skanberg
Fotografía: Nicki Dowey y Phil Wilkins

Traducción: Núria Picos
Edición: Belén Herrero
Diseño de la cubierta: Toni Cabré/ Editorial GG, SL

1ª edición, 3ª tirada, 2023

Printed in China
ISBN: 978-84-252-2713-4
Depósito legal: B. 23803-2018

Editorial GG, SL
Via Laietana 47, 3º 2ª,
08003 Barcelona, España.
Tel. (+34) 93 322 81 61
www.editorialgg.com

ÍNDICE

CAPÍTULO 1:

BASTIDORES   14

CAPÍTULO 2:

PARA TU CASA   48

CAPÍTULO 3:

PARA TI   70

CAPÍTULO 4:

GUÍA DE PUNTOS Y TÉCNICAS   106

Hola, soy Cristin

Aún recuerdo mi primer proyecto bordado: una pieza de inspiración angelical, mitad sol, mitad luna, para la clase de arte de la escuela primaria. Trabajé una o dos semanas en esa pieza durante los trayectos en autobús entre mi casa y la escuela, cabizbaja, absorta en mi mundo, con mi gran bastidor en una mano y una aguja de plástico con lana acrílica en la otra. Me llenaba de asombro ver cómo las puntadas se combinaban y hacían emerger algo tangible y con textura a partir de un simple esbozo a mano en un trozo de tela blanca. Fue mágico. Creo que el bordado ganó un premio en la exposición anual de arte de la escuela, aunque lo memorable fueron esos trayectos en autobús practicando nuevas técnicas. Durante esos preciados momentos diarios, me enamoré del bordado. Desde entonces, mi amor por el bordado no ha hecho más que crecer y he ido perfeccionando mis habilidades a base de práctica y experimentación. A lo largo de los años, he probado otras técnicas, incluyendo la costura, el tricot y las labores con fieltro, pero siempre me apetece volver al bordado. Incluso en esos días que parecen interminables, deseo que lleguen las tardes tranquilas para pasarlas acurrucada en el sofá con la aguja y el hilo. Para mí, el bordado es una válvula de escape creativa, una terapia, y una fuente de alegría.

Lo que más me gusta del bordado contemporáneo es la libertad que te ofrece. No necesitas dominar innumerables técnicas ancestrales para crear algo bonito. Con unos cuantos puntos sencillos, algunos materiales básicos, y unos minutos extra cada día, puedes bordar casi cualquier cosa. Me encanta utilizar patrones alegres y paletas de colores llamativos para dar vida al más sencillo de los motivos. El bordado moderno puede ser tanto bonito como funcional, por eso me esfuerzo en crear piezas que se puedan disfrutar a diario.

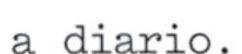

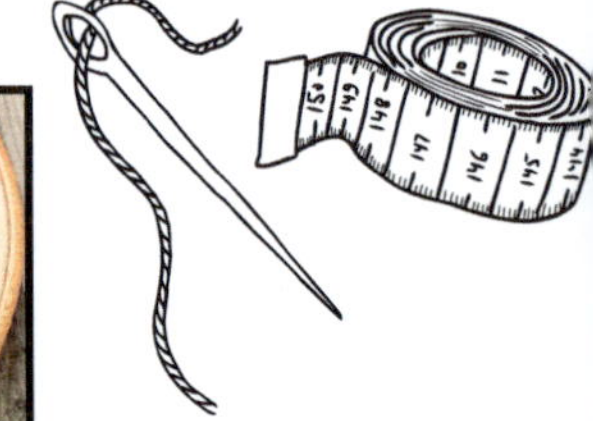

Tanto si acabas de INTRODUCIRTE en el mundo del bordado como si eres un BORDADOR EXPERTO, espero que este libro despierte tus ganas de coger una aguja.

Espero que este libro te sirva de inspiración

Estas son algunas de mis cosas favoritas...

Me encanta la libertad del BORDADO contemporáneo

En mi lugar favorito . . .

una fuente de grandes alegrías

HERRAMIENTAS Y MATERIALES

Si eres un bordador con experiencia, puede que ya cuentes con muchos de ellos. Si nunca has bordado, no te preocupes: para empezar, no los necesitas todos. Puedes preparar un kit para principiantes con un bastidor, un trozo de tela, agujas de bordar, tijeras y algunas madejas de hilo de algodón.

HILO

Hay muchos tipos de hilo para bordar, disponibles en una gran variedad de materiales y grosores. Cada uno tiene sus características y crea diferentes efectos.

HILO DE BORDAR DE ALGODÓN

Es el más común de los hilos de bordar. Se comercializa en una gran gama de colores y puede usarse para la mayoría de bordados. Este hilo está compuesto por 6 hebras torcidas que pueden separarse o combinarse para obtener el grosor deseado.

ALGODÓN PERLÉ

El algodón perlé también está formado por hebras torcidas que, a diferencia del hilo de bordar de algodón, no se separan. Lo puedes encontrar en varios grosores: el número 3 es el más grueso, y el 12, el más fino. El algodón perlé tiene un acabado brillante, y se presenta en ovillos y madejas de una gran variedad de colores.

HILO METALIZADO

El hilo metalizado se usa para realzar el bordado con un efecto brillante. Estos hilos pueden ser delicados y difíciles de manejar, por lo que es mejor trabajar con hebras cortas.

OTROS HILOS

La lana, el hilo para bordados tipo crewel, el hilo de ganchillo y tapicería, las cintas y el hilo de coser son también buenas opciones para dar textura y volumen a tu bordado. Hay muchas opciones entre las que elegir. ¡Que no te dé miedo experimentar!

TELAS

Como sucede con los hilos, existe una infinidad de opciones a la hora de escoger el tipo de tela para bordar. Casi cualquier tela es adecuada para el bordado, aunque algunas ofrecen más facilidades que otras a la hora de trabajar.

TEJIDOS

Hay una gran variedad de telas tejidas; se considera tejido

cualquier tela formada por hilos
horizontales (trama) y verticales
(urdimbre). Son una excelente
opción para bordar, ya que
mantienen su forma y son lo
bastante resistentes como para
soportar puntadas fuertes. Puedes
encontrar tejidos en muchos
grosores y tipos, desde tejidos
ligeros, como la muselina (6)
y el algodón de acolchar (4 y 5),
pasando por tejidos de peso medio
como el lino (1 y 3), hasta llegar
a los más pesados, como el lienzo
y la loneta.

FIELTRO

El fieltro (2) es uno de mis
materiales favoritos para
trabajar, por su grosor y textura.
Puede encontrarse en una amplia
gama de colores y grosores y,
a diferencia de las telas tejidas,
no se deshilacha al cortarlo.
Puede estar fabricado con fibras
naturales como la lana, fibras
sintéticas como el rayón o el
acrílico, o con una mezcla de
ambas. Para mí, el mejor es el
fieltro 100 % lana o el mezclado
con lana.

OTRAS TELAS

Otros materiales, como el punto
o la gasa, son más difíciles de
trabajar, aunque no deberías
descartarlos. Para preparar un
tejido elástico o resbaladizo,
intenta añadirle un estabilizador
(ver *Estabilizadores*, pág. 109).
Puedes incluso bordar en
materiales más sólidos, como el
papel o el cuero, pero asegúrate
de planificar tus puntadas
cuidadosamente, ya que cualquier
agujero que hagas será permanente.

OBJETOS VARIADOS

Bordar en objetos ya fabricados,
como mochilas, prendas o ropa de
hogar, es una excelente manera de
personalizarlos y darles tu toque
especial. A la hora de escoger un
objeto para bordar, fíjate en el
tipo de tela del que está hecho.

AGUJAS

Las agujas pueden encontrarse en
una gran variedad de longitudes
y grosores, con diferentes ojos y
tipos de punta. Escoge la más
adecuada para el tipo de hilo
y de tela que vayas a usar.

Es una buena idea tener una
selección de agujas a mano para
cambiarlas cuando sea necesario.
Si te cuesta pasar el hilo a
través de la tela, elige una aguja
más gruesa; si la aguja deja unos
agujeros demasiado grandes en la
tela, elige una más fina.

AGUJAS DE BORDAR

Las agujas de bordar (2) tienen
una longitud media, un gran ojo
y una punta afilada. Estas agujas,
que se usan en la mayoría de los
bordados, se numeran siguiendo un
orden inverso: cuanto más alto sea
el número, más fina será la aguja.

AGUJAS DE CHENILLA

Las agujas de chenilla (1) son más
largas y gruesas que las agujas
de bordar, y tienen un ojo grande
y la punta afilada. Se usan con
hilos gruesos, lana o cintas.

AGUJAS DE TAPICERÍA

Las agujas de tapicería (3)
son similares a las agujas de
chenilla, pero tienen la punta
roma. Se usan en tejidos con
tramas abiertas.

TIJERAS

Aunque un par de tijeras de buena calidad es suficiente, tener a mano varias opciones te facilitará la labor.

TIJERAS DE BORDAR

Las tijeras de bordar son pequeñas y con una punta afilada, lo que las hace idóneas para cortar hilos, deshacer puntadas indeseadas y realizar pequeñas tareas de recorte. Suelo llevar las mías colgadas alrededor del cuello con un cordón, para encontrarlas fácilmente mientras trabajo.

TIJERAS DE COSTURA

Un buen par de tijeras de costura te facilitarán la tarea de cortar la tela. Pero procura no utilizarlas para cortar otros materiales, pues entonces se desafilarán con facilidad.

TIJERAS MULTIUSOS

Me gusta tener un par de tijeras comunes a mano para cortar patrones, papel carbón, entretelas, etc.

BASTIDORES DE BORDAR

Un bastidor de bordar mantiene la tensión en la tela mientras bordas, lo que permite hacer unas puntadas uniformes y evita que se formen arrugas. Suelo usar bastidor, excepto cuando bordo fieltro y prendas con costuras que podrían interponerse en la labor.

Puedes encontrar bastidores en una gran variedad de tamaños, que vienen dados por su diámetro. Si puedes, escoge aquel en el que quepa todo el diseño para no tener que desplazar el bastidor sobre la tela. Para trabajar piezas de más de 25 cm, los bastidores para acolchar tienen un diámetro mayor y ofrecen más firmeza.

MARCADORES

PORTAMINAS
Los portaminas comunes son geniales para marcar los tejidos. Las marcas son finas y, si no las cubren tus puntadas, siempre puedes borrarlas.

LÁPICES DE JABONCILLO
Los lápices de jaboncillo son una buena opción para marcar telas oscuras. Una vez acabes el bordado, puedes cepillar cualquier marca no cubierta por este.

ROTULADOR DE TINTA SOLUBLE
Los rotuladores solubles contienen una tinta que desaparece con el agua. Cualquier marca no cubierta por las puntadas puede eliminarse con un paño húmedo o enjuagando la pieza con agua fría.

ROTULADOR AL AIRE
Estos rotuladores contienen una tinta que desaparece poco a poco.

OTRAS HERRAMIENTAS ÚTILES

PISTOLA DE ENCOLAR Y BARRAS DE PEGAMENTO
Son útiles, entre otros usos, para rematar el envés de los bastidores.

PEGAMENTO TEXTIL
Pegamento para unir capas de tejidos. Escoge uno lavable para que la unión sea permanente.

SELLADOR DE COSTURAS
Líquido sellador transparente que evita que se deshilachen los cantos recortados.

CINTA MÉTRICA O REGLA

ALFILERES O CLIPS DE COSTURA

PLANCHA

DEDALES
Se utilizan para proteger tus dedos.

PAPEL DE CALCO Y CARTULINA
Se usan para transferir diseños y hacer patrones.

SACAESQUINAS
Se trata de un objeto puntiagudo que sirve para volver las esquinas del derecho en los proyectos de costura. También puedes utilizar una aguja de tricotar.

ALICATES
Para montar bisutería y otros accesorios.

MÁQUINA DE COSER E HILO

CINTA DE CARROCERO
Evita que los bordes de la tela se deshilachen mientras trabajas.

PINTURA Y PINCELES
Se usan para añadir detalles a la tela o al bastidor.

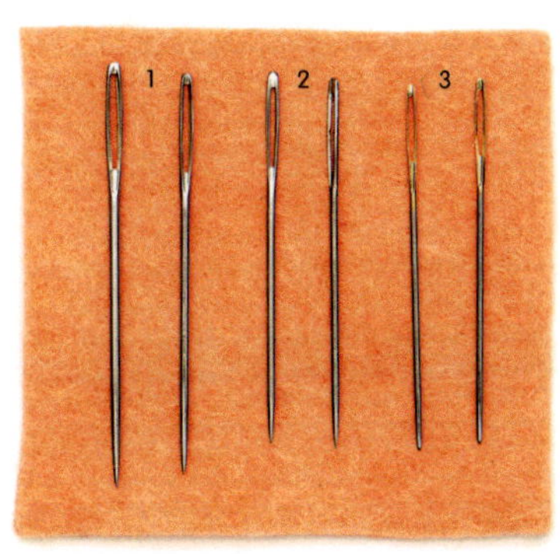

CAPÍTULO 1

BASTIDORES

BASTIDOR "HELLO"

Uno de los aspectos que más me gustan del bordado es la textura que crean las puntadas al concentrarse en un área de la tela, rellenando un espacio antes vacío. Aquí, una paleta de colores alegres y un relleno de puntadas con mucha textura añaden interés visual a un sencillo mensaje escrito a mano. Experimenta con los colores del hilo y de la tela que más te gusten; también puedes usar una tela estampada para añadir un divertido elemento gráfico a tu bordado.

MATERIALES

- Marcadores y herramientas para transferir patrones
- Un cuadrado de tela de lino o algodón de 25 × 25 cm
- Un cuadrado de tela de muselina de 25 × 25 cm (opcional; ver *Técnicas*, pág. 109)
- Bastidor de bordar de 15 cm de diámetro
- Hilo de bordar de algodón
- Aguja de bordar
- Tijeras
- Materiales para el acabado de la parte trasera del bastidor

COLORES DE HILO UTILIZADOS

- Verde oliva dorado, 6 hebras
- Ciruela, 6 hebras

TAMAÑO FINAL

- Diámetro: 15 cm

Punto matizado
(pág. 113)
hello
Punto atrás
(pág. 114)

1 Transfiere el motivo "hello" (pág. 116) a la tela de algodón o lino (ver *Técnicas*, págs. 107-108). Monta el bastidor (ver *Técnicas*, pág. 109) poniendo la muselina bajo la tela principal (si la usas).

2 Rellena el trazo más grueso de cada letra con punto matizado.

3 Cuando acabes, conecta cada letra con punto atrás. Ajusta la longitud de las puntadas según sea necesario, usando puntadas más cortas en las curvas y más largas en las líneas rectas.

Termina la parte trasera del bastidor como más te guste (ver *Acabado de tu bastidor*, págs. 46-47, para ver los materiales y técnicas).

TRUCO *He usado seis hebras, pero, si quieres, puedes usar menos; obtendrás un resultado más fluido, menos abultado, que funcionará bien si usas un tejido estampado.*

BASTIDOR CON CONFETI

Este proyecto es ideal para aprovechar restos de hilo, ya que no necesitas demasiado de cada color; además, cuantos más colores añadas, ¡mejor! Aquí te muestro dos métodos para conseguir un efecto de confeti lanzado al aire, que cae al suelo revoloteando. Prueba uno o ambos porque, a diferencia de lo que sucede en el mundo real, ¡este confeti no hay que barrerlo! Puedes dejar la madera en su tono natural o pintar el bastidor para darle un toque extra de color.

MATERIALES

- Marcador
- Un cuadrado de tela de algodón de acolchar de 20 × 20 cm
- Un cuadrado de tela de muselina sin blanquear de 20 × 20 cm (opcional; ver *Técnicas*, pág. 109)
- Bastidor de bordado de 10 cm de diámetro
- Hilo de bordar de algodón y metalizado
- Aguja de bordar
- Tijeras
- Pintura acrílica
- Pincel para espuma
- Materiales de refuerzo del bastidor

COLORES DE HILO USADOS

- Albaricoque, 4 hebras
- Aguamarina, 4 hebras
- Rojo clavel, 4 hebras
- Crudo, 4 hebras
- Verde jade, 4 hebras
- Amarillo limón, 4 hebras
- Ciruela, 4 hebras
- Dorado metalizado, 4 hebras
- Azul real, 4 hebras
- Salmón, 4 hebras
- Azul cielo, 4 hebras
- Violeta, 4 hebras

TAMAÑO FINAL

- Diámetro: 10 cm

Punto de nudo francés (pág. 112)

1 Monta el bastidor
(ver *Técnicas*, pág. 109)
poniendo la muselina
bajo la tela principal
(si la usas). En la tela
principal, marca un patrón
de puntos de nudo francés,
concentrando las marcas
en la parte inferior del
bastidor (o puedes bordar
este diseño libremente,
sin marcar la tela).
Escoge un color de hilo.
Borda puntos de nudo
francés distribuyendo
aleatoriamente los colores
por toda la superficie del
diseño.

2 Para crear el segundo
bastidor con confeti,
sigue las instrucciones
sobre el color y la posición
de las puntadas del paso 1,
pero utiliza el punto
lanzado (ver *Guía de puntos*,
pág. 111) en lugar de
puntos de nudo francés.

3 Pinta el aro exterior del
bastidor asegurándote de
dejar libre de pintura la
parte interior del mismo
(la que tocará la tela).
Aplica dos o tres capas
y deja que se seque del
todo antes de montarlo.

Monta el bastidor y
termina la parte trasera
como más te guste (para
materiales y técnicas, ve
a *Acabado de tu bastidor*,
págs. 46-47).

TRUCO *Cuando bordes, intenta terminar un color antes de pasar al siguiente. Siempre puedes volver y añadir más hilo del color que quieras, hasta que el confeti quede como esperabas.*

BASTIDOR CON FLORES SILVESTRES

Este bonito bastidor, que recuerda a los tradicionales muestrarios de puntadas, combina varios puntos básicos para crear diferentes efectos decorativos. El resultado es una hermosa explosión de coloridas flores y hojas con mucha textura, que te servirá durante todo el año como recordatorio de los cálidos y soleados días primaverales. Siéntete libre para experimentar con puntos de bordado diferentes de los que aparecen en la lista y crear tu propia versión.

MATERIALES

- Marcadores y herramientas para transferir patrones
- Un cuadrado de tela de lino de 23 × 23 cm
- Bastidor de bordar de 13 cm de diámetro
- Hilo de bordar de algodón
- Aguja de bordar
- Tijeras
- Materiales para el acabado de la parte trasera del bastidor

COLORES DE HILO USADOS

- Rojo coral, 4 hebras
- Crudo, 4 hebras
- Verde oliva dorado, 4 hebras
- Verde botella, 4 hebras
- Melocotón, 4 hebras
- Verde musgo, 4 hebras
- Amarillo paja, 4 hebras
- Topacio, 4 hebras

TAMAÑO FINAL

- Diámetro: 13 cm

Punto atrás
(pág. 114)
Punto de cadeneta
suelto (ver *Punto de
cadeneta*, pág. 115)
Punto de nudo
francés
(pág. 112)
Punto de nudo
francés enrollado
tres veces (pág. 112)
Punto de helecho
(pág. 114)
Punto de margarita
(ver *Punto de
cadeneta*, pág. 115)
Punto de
arenilla
(pág. 111)
Rueda tejida
(pág. 115)
Punto atrás
(pág. 114)
Punto de tallo
(pág. 112)
Punto lanzado
(pág. 111)

1 Transfiere las flores y hojas (pág. 116) a la tela de lino (ver *Técnicas*, pág. 109). Monta el bastidor (ver *Técnicas*, pág. 109).

2 Borda las flores y hojas como muestra la imagen, siguiendo el orden que prefieras. Termina el envés del bastidor como quieras (ver *Acabado de tu bastidor*, págs. 46-47, para los materiales y técnicas).

BASTIDOR CON ARCO IRIS

Este diseño se inspira en el cuadro de un arco iris pintado por mi hijo. La pintura goteaba maravillosamente desde los extremos del arco iris, como si fuese imposible contener los alegres colores. Ese cuadro se ha ganado un lugar permanente en nuestra pared, y es un hermoso e inocente recordatorio de que siempre hay luz en alguna parte. Este proyecto se hace eco de ese sentimiento. He usado el punto de cadeneta para crear gruesas líneas de un color luminoso y flecos para prolongar el arco iris más allá del bastidor. Los bastidores ovalados son muy divertidos a la hora de trabajar y ofrecen a tu bordado unos fondos con formas sorprendentes.

MATERIALES

- Marcadores y herramientas para transferir patrones
- Tela de algodón o lino de 18 × 23 cm
- Tela de muselina de 18 × 23 cm (opcional; ve a *Técnicas*, pág. 109)
- Bastidor de bordar de 7,5 × 13 cm
- Hilo de bordar de algodón
- Aguja de bordar
- Tijeras
- Regla
- Materiales para el acabado de la parte trasera del bastidor

COLORES DE HILO USADOS
(EN EL BASTIDOR DE MUESTRA)

- Albaricoque, 6 hebras
- Azul verdoso, 6 hebras
- Rojo clavel, 6 hebras
- Arena, 6 hebras
- Ciruela, 6 hebras
- Rosa nacarado, 6 hebras

TAMAÑO FINAL

- 7,5 × 13 cm

Punto de cadeneta (pág. 115)

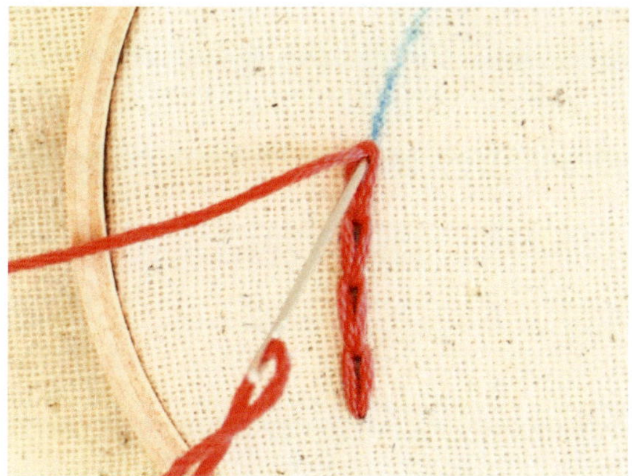

1 Transfiere el arco iris (pág. 116)
a la tela de algodón o lino (ver
Técnicas, págs. 107-108). Marca solo la
línea superior, que será tu guía para
todas las hileras. Monta el bastidor
(ver *Técnicas*, pág. 109) y empieza a bordar
una hilera de punto de cadeneta a lo largo
de la línea marcada, con puntadas de unos
6 mm de largo.

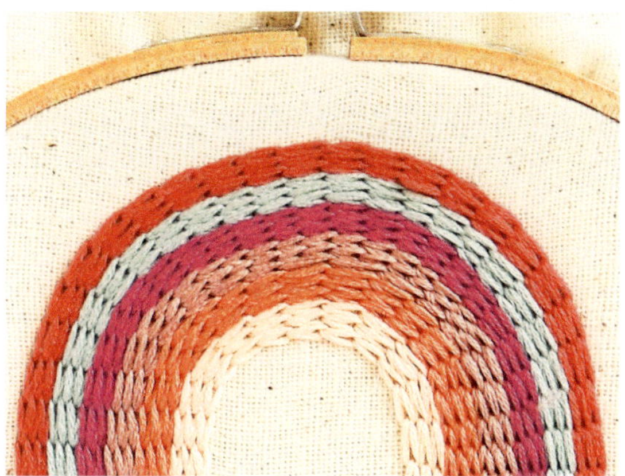

2 Junto a la primera hilera, borda dos más
con punto de cadeneta del mismo color,
para obtener un total de tres hileras del
primer color. Repite el proceso con las
otras cinco franjas del arco iris.

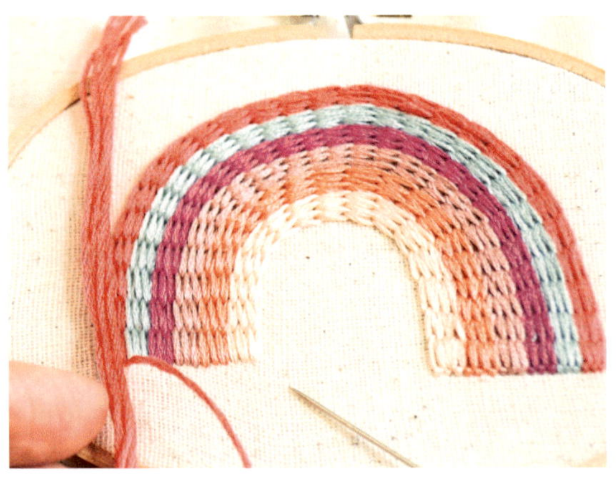

3 Prepara los flecos con los mismos colores de hilo que has usado para bordar las franjas. Mide y corta diez hebras de 18 cm de cada color. Sepáralas en dos grupos de cinco hebras de cada uno. Usa un grupo de cinco hebras para cada extremo del arco iris.

4 Para fijar los flecos, empieza por la franja exterior. Coloca cinco hebras sobre la primera franja, poniendo el centro de los hilos sobre el extremo inferior de la franja.

5 Utiliza hilo del mismo color para fijar el fleco. Saca la aguja hacia arriba, pásala sobre las hebras y vuelve a clavarla en la tela, como muestra la imagen, dando una puntada para sujetar el fleco en la base de la franja.

6 Tira del hilo para apretar la puntada.

7 Dobla las hebras hacia abajo sobre la puntada y sujétalas con tu mano libre.

8 Vuelve a sacar la aguja, pásala sobre las hebras y clávala de nuevo en la tela. Repite este proceso varias veces para sujetar bien el fleco.

9 Fija los hilos del fleco con un nudo por el revés del bordado.

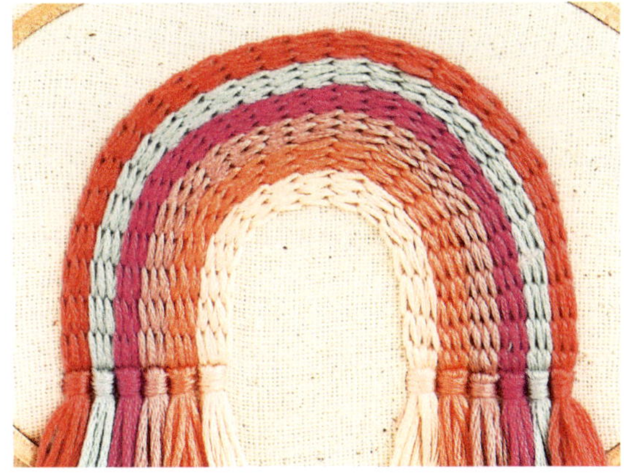

10 Repite los pasos 4 a 8 con cada color, trabajando de izquierda a derecha, sacando siempre la aguja por el lado libre y clavándola en el lado con el fleco anterior ya fijado. Corta los flecos a la longitud deseada. Termina el revés del bastidor como más te guste (ver *Acabado de tu bastidor*, págs. 46-47, para materiales y técnicas), pero ten cuidado de no cortar los flecos por error.

BASTIDOR CON INICIAL

Una alegre explosión floral puede transformar una sencilla inicial bordada en un bonito recuerdo. Si le añadimos una cinta para colgar, convertiremos este pequeño bastidor en un adorno estacional, ¡aunque quizá lo dejemos colgado todo el año! Experimenta con los adornos florales para ver cómo cambia su aspecto al usar solo hojas u otro tipo de flor. Un conjunto de estos bastidores es un bonito regalo navideño.

MATERIALES

- Marcadores y herramientas para transferir patrones
- Un cuadrado de tela de algodón o lino de 20 × 20 cm
- Un cuadrado de tela de muselina de 20 × 20 cm (opcional; ve a *Técnicas*, pág. 109)
- Bastidor de bordar de 10 cm de diámetro
- Hilo de bordar de algodón
- Aguja de bordar
- Tijeras
- Materiales para el acabado de la parte trasera del bastidor
- 38 cm de cinta, cuerda o ribete (opcional)

COLORES DE HILO USADOS

- Azul verdoso, 6 hebras
- Crudo, 6 hebras
- Verde oliva dorado, 6 hebras
- Rojo sandía, 6 hebras
- Melocotón, 6 hebras

TAMAÑO FINAL

- Diámetro: 10 cm

Hand Lettering HANDBOOK CREA
DRAWING TYPE · AN INT
Will Hill THE COMP

Punto atrás
(pág. 114)
Punto lanzado
(pág. 111)
Punto de nudo
francés (pág. 112)
Rueda tejida
(pág. 115)

1 Transfiere el diseño floral (pág. 117) a la tela de algodón o lino (ver *Técnicas*, págs. 107-108). Monta el bastidor (ver *Técnicas*, pág. 109); si utilizas muselina, ponla bajo la tela principal y empieza a bordar. Para las flores, borda tres ruedas tejidas y añade unos puntos de nudo francés en el centro. Borda pequeños grupos de puntos de nudo francés entre las flores.

2 Para las hojas, borda con punto lanzado largo desde la base de la hoja superior hasta el lado de la flor, justo donde se encuentran las hojas. Borda dos hojas con punto lanzado, siguiendo el contorno de la hoja como punto de inicio y acabando todas las puntadas en el mismo punto. Las bases de las dos hojas se solaparán ligeramente. Borda la hoja superior de la misma manera.

3 Borda la inicial con punto atrás. Termina la parte trasera del bastidor como quieras (ver *Acabado de tu bastidor*, págs. 46-47, para los materiales y técnicas). Si quieres colgar el bordado, ata la cinta, cuerda o ribete al bastidor.

TRUCO *He hecho las puntadas del punto atrás extralargas y he añadido una segunda línea a los trazos externos de la letra, pero también puedes bordar la inicial con trazos más cortos o usando otro tipo de puntada.*

BASTIDOR CON ABEJAS

Las aterciopeladas abejas de este diseño parecen estar a punto de salir zumbando y escaparse del bastidor, gracias al efecto tridimensional de realce que crea el relleno con punto plano y punto de nudo francés. Estas abejas son perfectas para bordar un bastidor, aunque también quedarán geniales si las bordas en una chaqueta vaquera o una sudadera.

MATERIALES

- Marcadores y herramientas para transferir patrones
- Un cuadrado de tela de algodón o lino de 25 × 25 cm
- Un cuadrado de tela de muselina de 25 × 25 cm (opcional; ve a *Técnicas*, pág. 109)
- Bastidor de bordar de 15 cm de diámetro
- Hilo de bordar de algodón
- Algodón perlé del número 12
- Aguja de bordar
- Tijeras
- Materiales para el acabado de la parte trasera del bastidor

COLORES DE HILO USADOS

- Negro, 4 hebras para las rayas y la cabeza, y 6 hebras para los puntos de nudo francés
- Amarillo paja, 4 hebras
- Algodón perlé negro

TAMAÑO FINAL

- Diámetro: 15 cm

Punto de satén con un
realce de punto partido
(ver *Punto de satén*
y nota, pág. 113)

Punto de nudo
francés (pág. 112)

Punto lanzado
(pág. 111)

Punto de arenilla
(pág. 111)

Punto atrás
(pág. 114)

1 Transfiere el diseño de las abejas (pág. 117) a la tela de algodón o lino (ver *Técnicas*, págs. 107-108). Monta el bastidor (ver *Técnicas*, pág. 109); si usas muselina, ponla bajo la tela principal. Borda un contorno con punto partido a lo largo de la parte superior de la cabeza de cada abeja. Borda con punto de satén para cubrir esa línea, empezando donde la cabeza se encuentra con el cuello y trabajando hacia fuera para cubrir el contorno bordado con punto partido. Trabaja desde el centro, primero hacia un lado y después hacia el otro. Borda las rayas de la misma manera.

2 Rellena el segmento intermedio del cuerpo con puntos de nudo francés. Empieza en el centro y trabaja hacia fuera en círculos.

3 Utiliza el algodón perlé para las patas de las abejas. Haz un punto de arenilla con tres puntadas para bordar los segmentos más cercanos al cuerpo, seguido de un punto de arenilla con dos puntadas para bordar el segmento medio. Termina con punto lanzado en el segmento más externo. Para bordar las patas frontales y las antenas, haz un punto de arenilla con dos puntadas en los segmentos más cercanos al cuerpo, seguido de un punto lanzado en el segmento más externo.

4 Con el algodón perlé, borda el contorno de las alas con punto atrás. Termina la parte trasera del bastidor como quieras (ver *Acabado de tu bastidor*, págs. 46-47, para los materiales y técnicas).

TRUCO *Bordar un realce en punto de satén con un contorno de punto partido debajo del mismo hace que el borde quede mejor definido y con volumen, aunque, si quieres saltarte el paso extra, un punto de satén normal también funcionaría.*

BASTIDOR CON EL SÍMBOLO DE LA PAZ

Aquí he dado al icónico símbolo de paz y amor un divertido toque con una original manicura bordada con hilos. Es un proyecto ideal para principiantes, ya que solo se usan puntadas sencillas y ofrece muchas posibilidades para añadirle adornos. Puedes bordar este diseño como se muestra aquí o utilizar diferentes puntos para el relleno y el contorno, para conseguir diferentes efectos.

MATERIALES

- Marcadores y herramientas para transferir patrones
- Un cuadrado de tela de algodón de 25 × 25 cm
- Un cuadrado de tela de muselina de 25 × 25 cm (opcional; ve a *Técnicas*, pág. 109)
- Bastidor de bordar de 18 cm de diámetro
- Hilo de bordar de algodón
- Aguja de bordar
- Tijeras
- Materiales para el acabado de la parte trasera del bastidor

COLORES DE HILO USADOS

- Negro, 3 hebras
- Rojo vivo, 4 hebras

TAMAÑO FINAL

- Diámetro: 18 cm

Punto de satén
(pág. 113)
Punto atrás
(pág. 114)

1 Transfiere el diseño de la mano (pág. 118) a la tela de algodón (ver *Técnicas*, págs. 107-108). Monta el bastidor (ver *Técnicas*, pág. 109); si usas muselina, ponla bajo la tela principal.

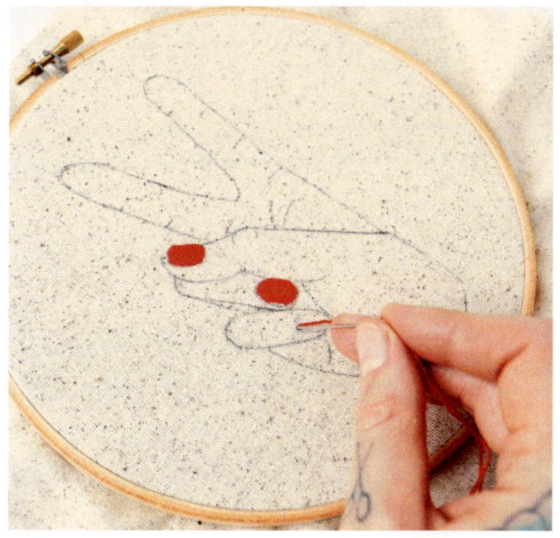

2 Rellena las uñas con punto de satén. Para cada uña, empieza a bordar en el centro; trabaja primero hacia un lado y luego hacia el otro.

3 Borda el contorno de la mano en color negro con punto atrás. Ajusta la longitud de las puntadas: usa puntadas cortas en las curvas cerradas, como las uñas y las puntas de los dedos, y largas en las líneas rectas. Termina la parte trasera del bastidor como quieras (ver *Acabado de tu bastidor*, págs. 46-47, para los materiales y técnicas).

ACABADO DE TU BASTIDOR

Los bastidores de bordar no solo son útiles para tensar la tela mientras bordas; también son unos excelentes marcos para tus bordados, una vez acabados. Con unos sencillos pasos, podrás convertir tu trabajo en una obra de arte lista para colgar.

Generalmente, mis puntadas en la parte trasera del bastidor quedan bastante desordenadas, así que me gusta cubrirlas con un trozo de tela. Suelo escoger retales con un estampado divertido para darle un toque inesperado, pero puedes usar casi cualquier material. Las telas lisas o el fieltro son estupendas opciones si deseas añadir un mensaje personalizado, como un nombre o una fecha, en el revés del bastidor. Es una buena manera de utilizar telas demasiado pequeñas para proyectos grandes. Si lo prefieres, olvídate de la tela trasera y limítate a rematar los bordes de tu labor, dejando las puntadas a la vista.

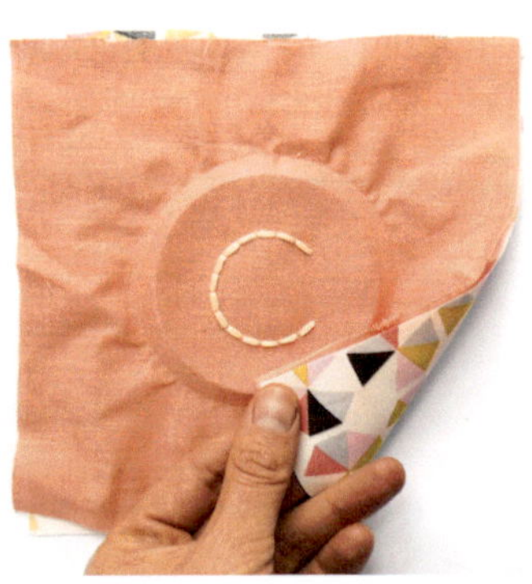

1 Saca la tela bordada del bastidor. Si has usado una tela de forro, tendrás dos telas bordadas juntas. Corta un retal del mismo tamaño que la tela bordada, o bien un poco más pequeña, pero comprueba que hay suficiente tela para montarla en el bastidor y envolver el borde del mismo. Coloca el trozo de la tela trasera en una superficie plana, con el derecho boca abajo; después, centra la tela bordada encima, con el derecho hacia arriba.

2 Afloja el tornillo del aro externo del bastidor. Monta en el bastidor todas las capas de tela, estirando suavemente y de manera uniforme. Si es necesario, ajusta las telas de una en una. Asegúrate de mantener el diseño centrado, para que no se deforme. Cuando la tela esté centrada, sin arrugas y tensada sobre el bastidor, aprieta el tornillo para que no se mueva.

TRUCO *Si quieres añadir un mensaje personalizado, bórdalo en la tela trasera. Asegúrate de colocar el mensaje en un sitio que no quede cubierto por el bastidor.*

3 Gira el bastidor boca abajo. Recorta la tela trasera y el forro (opcional), tan cerca del bastidor como puedas. Ten cuidado de no cortar accidentalmente la tela bordada.

4 Corta alrededor la tela bordada, dejando un margen para envolver el borde del bastidor. Normalmente, suelen dejarse unos 12-18 mm.

5 Trabajando por secciones pequeñas, de unos 5-8 cm a la vez, utiliza la pistola de cola caliente para añadir un poco de pegamento en el borde interno del bastidor. Deja que se seque unos segundos; después, con los dedos, presiona la tela alrededor del borde del bastidor, encima del pegamento. Repite el proceso en todo el bastidor hasta que la tela se pegue completamente.

CAPÍTULO 2

PARA TU CASA

GUIRNALDA DE BANDERINES

El fieltro proporciona un fondo duradero a estos banderines con letras que puedes personalizar de mil maneras y que dan un toque personal a cualquier evento especial o estacional; también puedes utilizarlos para la decoración diaria. El punto partido es mi favorito para las tipografías, ya que permite hacer líneas suaves y continuas, pero puedes usar otros puntos, como el punto atrás o el punto de cadeneta, según tus gustos.

MATERIALES

- Papel de calco
- Marcadores y herramientas para transferir patrones
- Cartulina o cartón pluma
- Cinta adhesiva
- Tijeras
- Regla
- 3 o 4 láminas de fieltro (de lana, mezcla o ecológico) de 23 × 30 cm
- Hilo de bordar de algodón
- Aguja de bordar (las grandes funcionan mejor con el fieltro)
- Alfileres
- Máquina de coser
- Hilo de coser (a tono con el fieltro)
- Cordón de algodón: he usado unos 1,8 m para una guirnalda de ocho banderines, a razón de 7,5 cm de cordón por banderín, 80 cm para las cuentas y nudos (40 cm en cada terminación), más la cantidad extra de cordón que quieras dejar entre los nudos y los banderines para que la guirnalda alcance la longitud deseada
- Ganchillo o varilla de madera (opcional)
- 6 cuentas de madera sin pulir de 25 mm de diámetro

PUNTO UTILIZADO

- Punto partido (pág. 111)

COLORES DE HILO USADOS

- Aguamarina, 6 hebras
- Rojo vivo, 6 hebras
- Coral, 6 hebras
- Melocotón, 6 hebras
- Dorado claro, 6 hebras
- Amarillo paja, 6 hebras

TAMAÑO FINAL

- Cada banderín: 7,5 X 10 cm
- Longitud total de la guirnalda: 1,27 m

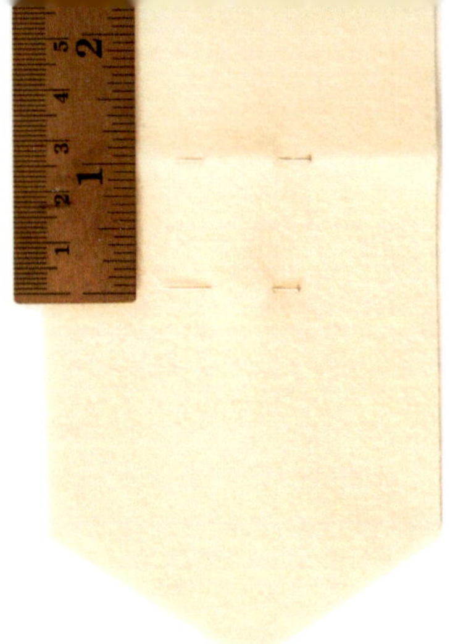

1 Transfiere el patrón del banderín (pág. 125) al papel de calco y recórtalo. Coloca el recorte sobre un trozo de cartulina o de cartón pluma, fíjalo con cinta adhesiva y marca el contorno. Gira el recorte boca abajo, manteniendo el borde superior alineado con el borde superior del banderín que acabas de dibujar, como muestra la imagen. Vuelve a fijarlo con cinta adhesiva y márcalo otra vez. Recorta el patrón.

2 Usando el patrón de cartulina o de cartón pluma, marca ligeramente los banderines sobre las láminas de fieltro. Deberías encajar tres o cuatro banderines en cada lámina de fieltro. Marca y recorta el número de banderines que quieras (un banderín por letra), más uno extra por cada espacio en blanco que necesites.

3 Dobla cada banderín por la mitad, haciendo que coincidan los puntos superiores e inferiores. Presiona con los dedos en el doblez para marcar el centro del banderín, desdóblalo y marca la línea central con un alfiler. Partiendo de esa línea, mide 2,5 cm hacia bajo y marca con otro alfiler; aquí alinearás las partes superiores de las letras.

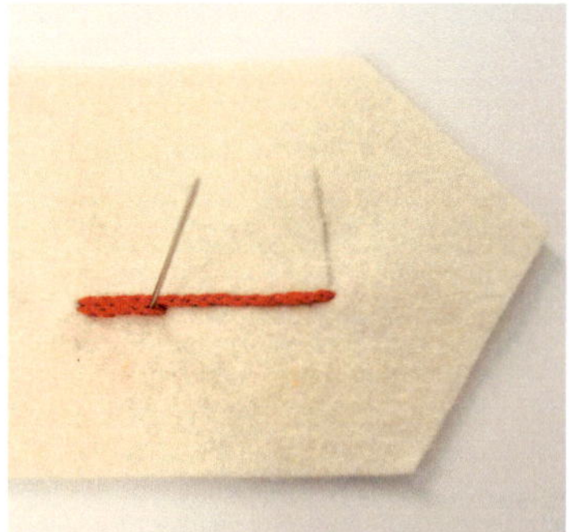

4 Transfiere las letras al banderín (págs. 120-121). Centra cada letra sobre su banderín, asegurándote de alinear el borde superior de cada letra con la marca del alfiler inferior.

5 Borda cada letra con punto partido. Me gusta añadir una segunda hilera de punto partido junto a la primera para conseguir una línea más gruesa.

6 Vuelve a doblar el banderín y coloca los alfileres. Cose cada banderín, dejando un margen de 12 mm en la parte superior y de 6 mm en los bordes; quita los alfileres a medida que vayas cosiendo.

TRUCO *Antes de coser los banderines en el paso 6, haz una prueba de costura en algunos retales de fieltro para comprobar que la tensión del hilo y la longitud de la puntada de tu máquina de coser son correctas. Si no tienes máquina de coser, puedes coserlo a mano con punto bastilla (pág. 114).*

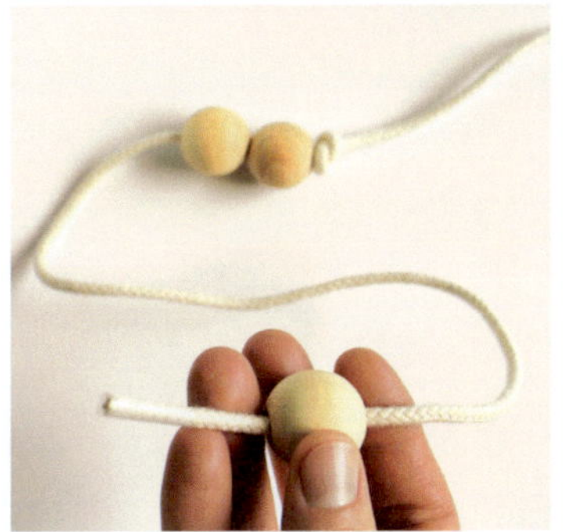

7 Para ensamblar la guirnalda, envuelve los dos extremos del cordón de algodón con cinta adhesiva. Pasa el cordón por los banderines en el orden correcto; con que envuelvas el extremo del cordón con cinta adhesiva es suficiente, pero, si te resulta difícil, une el cordón a un ganchillo fino o a la varilla de madera con cinta adhesiva y pasa el cordón por los banderines.

8 Cuando todos los banderines estén enfilados en el cordón, termina los extremos. Empezando por un lado, haz un nudo a unos 40 cm del final del cordón. Pasa tres cuentas de madera por el cordón.

9 Asegura las cuentas con un nudo simple, dejando un bucle para colgar la guirnalda (ver más abajo).

CÓMO HACER UN NUDO SIMPLE CON BUCLE

10 Repite los pasos 8 y 9 en el otro extremo de la guirnalda. Con cuidado, corta los extremos del cordón.

1 Dobla el extremo del cordón para formar un bucle y sujétalo firmemente donde quieras que quede el nudo final.

2 Dobla el bucle e introduce su extremo desde arriba a través del centro. Tira ligeramente de el, dejando el nudo flojo para hacer los ajustes necesarios. Comprueba que los cordones estén paralelos y que el nudo se encuentre en el lugar correcto. Aprieta el nudo.

COJÍN CON GUIÑO

¡Añade un poco de intriga a tu rincón favorito con este guiño! Como lleva un cierre de tipo sobre, puedes cambiar el aspecto de tu cojín cuando quieras. Si usas lana para bordar, darás a este diseño una durabilidad extra y un tacto suave, aunque también quedará genial si usas hilo de bordar de algodón.

MATERIALES

- Marcadores y herramientas para transferir patrones
- Tela de lona de 33 × 43 cm
- Dos trozos de tela estampada de algodón de 33 × 28 cm
- Bastidor de bordar de 15 cm de diámetro
- Lana para bordar (100 % merino)
- Aguja de bordar (con un ojo grande)
- Plancha
- Tijeras
- Máquina de coser
- Hilo de coser (a tono con la tela)
- Alfileres
- Relleno para cojín de 40 × 30 cm

PUNTOS UTILIZADOS

- Punto atrás (pág. 114)
- Punto de satén (pág. 113)

COLOR DE HILO USADO

- Negro

TAMAÑO FINAL

- 40 × 30 cm

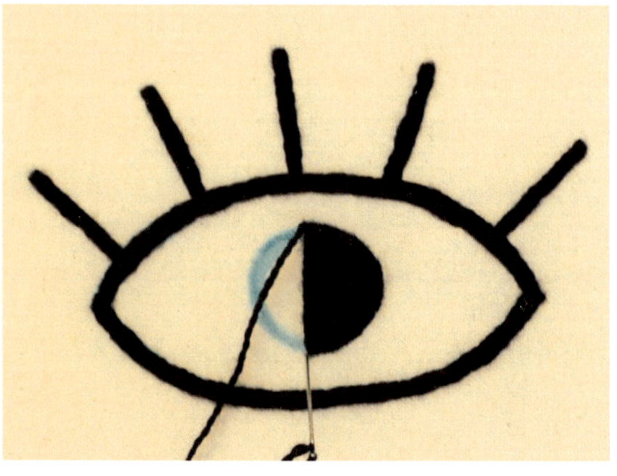

1 Marca un rectángulo de 33 × 43 cm en el centro de la lona. Transfiere el diseño de los ojos (pág. 119) al centro del rectángulo marcado (ver *Técnicas*, págs. 107-108). Primero, monta en el bastidor la tela con el ojo cerrado (ver *Técnicas*, pág. 109). Borda las pestañas y el párpado del ojo cerrado con lana, haciendo cuatro o cinco hileras de punto atrás. Intenta escalonar un poco las puntadas para que no empiecen y terminen en los mismos puntos.

2 Monta la tela con el ojo abierto en el bastidor. Borda las pestañas y los párpados con punto atrás, igual que en el paso 1. Rellena la pupila del ojo con punto de satén.

3 Saca la tela bordada del bastidor y plánchala para eliminar las arrugas. Corta la lona siguiendo las líneas marcadas.

4 Corta dos trozos de 33 × 28 cm de tela estampada y haz un dobladillo en uno de los lados largos de cada trozo. Para ello, dobla el borde 12 mm hacia dentro, plánchalo y vuelve a doblarlo 12 mm para envolver el canto sin pulir. Fíjalo con la máquina de coser.

TRUCO *Si quieres que la funda del cojín sea lavable, lava, seca y plancha la tela antes de trabajarla.*

5 Sitúa la tela bordada en una superficie plana con el derecho hacia arriba. Coloca una de las piezas traseras, con el dobladillo ya hecho, sobre la tela bordada, con el derecho hacia abajo, asegurándote de que los bordes están alineados y de que el dobladillo está en el centro.

6 Coloca la otra pieza trasera, con el dobladillo ya hecho, sobre las otras dos piezas de tela, con los bordes alineados y el dobladillo en el centro (como muestra la imagen). Las telas traseras deben solaparse algunos centímetros. Coloca alfileres para sujetar las tres telas juntas.

7 Cose a máquina, dejando un margen de costura de 12 mm. Quita los alfileres. Cambia la puntada a zigzag y vuelve a coser alrededor de los bordes, de manera que la aguja pase justo por fuera del borde de la tela. Esto evitará que los bordes se deshilachen.

8 Vuelve el cojín del derecho y saca las esquinas. Introduce el relleno y, si es necesario, ajústalo.

SERVILLETAS CON CACTUS

Estas servilletas de tela son una buena alternativa ecológica a las servilletas de papel. La segunda capa de tela de la parte trasera cubre y protege las puntadas, y hace que las servilletas sean reversibles. Prueba a mezclar tu selección de telas o de hilos para crear un set heterogéneo, o combina las servilletas con la decoración de tu hogar.

MATERIALES

- Marcadores y herramientas para transferir patrones
- Para la parte superior: un cuadrado de tela de algodón o lino de 18 × 18 cm (lavada y planchada)
- Para la parte inferior: un cuadrado de tela de algodón o lino de 18 × 18 cm (lavada y planchada)
- Bastidor de bordar de 10 cm de diámetro
- Hilo de bordar de algodón
- Aguja de bordar
- Plancha
- Tijeras
- Alfileres
- Máquina de coser
- Hilo de coser (que combine con las telas)
- Sacaesquinas o cualquier objeto puntiagudo, como un palillo chino o una aguja de tricot

PUNTOS UTILIZADOS

- Punto atrás (pág. 114)
- Punto lanzado (pág. 111)

COLOR DE HILO USADO

- Negro, 3 hebras

TAMAÑO FINAL

- Cada servilleta: 15 × 15 cm

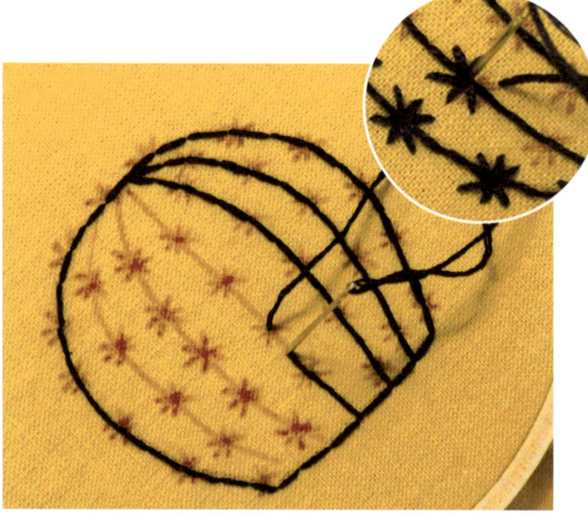

1 Marca un cuadrado de 18 cm de lado en la tela superior de cada servilleta (ver *Técnicas*, págs. 107-108). Transfiere el diseño del cactus (pág. 118) a la tela, colocándolo en la parte inferior izquierda, a 2,5 cm del borde.

2 Monta la tela en el bastidor (ver *Técnicas*, pág. 109). Con el hilo negro, borda el contorno del cactus con punto atrás. Haz las espinas del cactus con punto lanzado.

3 Saca la tela del bastidor, plánchala para eliminar las arrugas y recorta la servilleta siguiendo las líneas marcadas.

4 Marca un cuadrado de 18 cm en la tela inferior y recórtalo. Junta la tela bordada y la tela inferior, derecho con derecho, y coloca alfileres.

5 Cose a máquina alrededor de los bordes, dejando un margen de costura de 12 mm. Deja una abertura de unos 5 cm para volver la servilleta del derecho.

6 Corta las esquinas de la servilleta, pero ten cuidado de no acercarte mucho a las costuras.

7 Vuelve la servilleta del derecho a través de la abertura. Utiliza un sacaesquinas o cualquier otro objeto puntiagudo para empujar hacia fuera las esquinas y costuras.

8 Dobla los bordes de la abertura hacia dentro, plánchalos y, con la máquina de coser, haz un pespunte alrededor de los cuatro lados, a unos 3 mm del borde.

FUNDA DE RAYAS PARA MACETA

Tengo la costumbre de llevarme a casa más plantas de las que puedo cuidar y, aunque me encanta buscar sitio a estas nuevas adquisiciones, ¡nunca tengo suficientes maceteros! Estas fundas de tela son la solución perfecta. Sencillas de hacer, con un patrón que puede ampliarse o reducirse con facilidad. Si quieres, escoge un color vivo para la tela del forro y dobla hacia abajo la parte superior para darle un toque que contraste con las rayas bordadas de tono neutro.

MATERIALES

- Marcadores y herramientas para transferir patrones
- Tela de loneta 43 × 23 cm
- Tela de algodón de bajo gramaje de 43 × 23 cm, para el forro
- Cartulina o cartón pluma
- Cinta adhesiva
- Regla
- Tijeras
- Hilo de bordar de algodón
- Aguja de bordar
- Alfileres o clips tipo pinza
- Máquina de coser
- Hilo de coser (que combine con las telas)
- Plancha

PUNTO UTILIZADO

- Punto atrás (pág. 114)

COLOR DE HILO USADO

- Negro, 6 hebras
- Crudo, 6 hebras

TAMAÑO FINAL

- 10 × 15 cm

1 Antes de marcar el patrón de la funda, amplía el diseño (pág. 123) un 400 % aproximadamente, de manera que la medida final sea 21 × 22 cm. Coloca el patrón sobre la cartulina y fíjalo con cinta adhesiva. Utiliza la regla para marcar el contorno del patrón. Recorta la cartulina y marca el lado en el que indica "doblar".

2 Dobla la tela de loneta por la mitad, de manera que mida 21,5 × 23 cm. Alinea el patrón a lo largo del doblez y marca el contorno. Gira la tela y repite el proceso en el otro lado. Recorta la tela. Haz lo mismo con la tela del forro. Marca las líneas de las rayas en la loneta, empezando a 4 cm del borde superior y dejando 2,5 cm de espacio entre ellas.

3 Borda las rayas con punto atrás; cada puntada debe tener unos 6-12 mm de largo. Deja de bordar cuando te falten 3-6 mm para llegar al canto.

4 Dobla la loneta por la mitad, enfrentando derecho con derecho, y coloca alfileres o clips.

5 Cose a máquina, dejando un margen de costura de 6 mm en el lado y de 12 mm en la base. No cosas alrededor de las esquinas recortadas. Plancha y abre las costuras laterales y de la base.

6 Junta las esquinas sin coser y separa la funda, alineando las costuras de los lados y de la base.

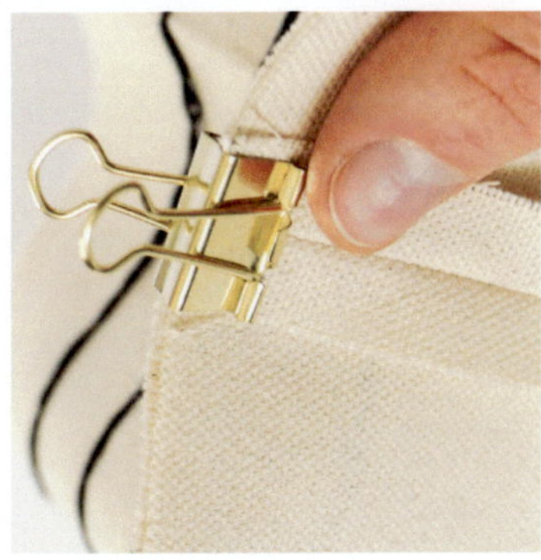

7 Coloca alfileres o clips en las costuras y cóselas, dejando un margen de costura de 6 mm.

8 Repite el proceso en el otro lado de la funda para hacer la base cuadrada. Repite los pasos 5 a 7 para el forro.

9 Vuelve la tela exterior del derecho. Dobla el borde superior hacia dentro 12 mm y plánchalo. Haz lo mismo en el forro, pero mantén el derecho hacia dentro y dobla el borde hacia fuera.

10 Coloca el forro dentro de la pieza exterior y pon alfileres o clips en los bordes superiores alineados, como muestra la imagen.

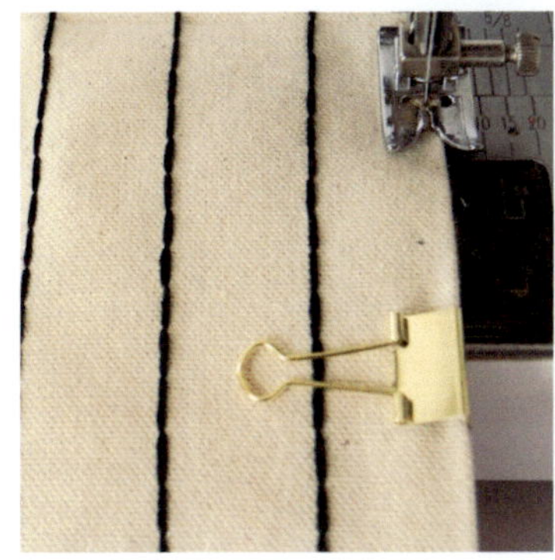

11 Junta la capa exterior con la interior y, con la máquina de coser, haz un sobrepespunte cerca del borde.

TRUCO *Saca tu planta de la funda cuando la riegues, y asegúrate de colocar dentro de la funda algún objeto resistente al agua para evitar que la tela se manche o se estropee. Una tapa de plástico reciclada o una bolsa pequeña pueden servir.*

HELECHO ENMARCADO

Este helecho enmarcado se parece a una de esas láminas de botánica antiguas, pero con un toque tridimensional y colorista. Enmarcar un bordado es una manera fácil de darle un toque sofisticado. Este sencillo método se consigue con unos pocos materiales fáciles de encontrar, y el resultado queda muy bonito. Me gusta enmarcar mis bordados sin cristal para que se vea la textura de las puntadas. Cuando enmarques un bordado de esta manera, asegúrate de dejar suficiente tela alrededor del diseño, ya que necesitarás un poco más que cuando lo expones en un bastidor.

MATERIALES

- Marcadores y herramientas para transferir patrones
- Tela de algodón jaspeado de 25 × 35,5 cm
- Bastidor de bordado de 18 cm de diámetro
- Hilo de bordar de algodón
- Aguja de bordar
- Tijeras
- Plancha
- Regla metálica
- Marco de 13 × 18 cm
- Cartón pluma (una pieza un poco mayor que el marco)
- Cúter
- Alfileres de acero inoxidable

PUNTO UTILIZADO

- Punto de cadeneta / punto de margarita (pág. 115)
- Punto de tallo (pág. 112)
- Punto lanzado (pág. 111)

COLOR DE HILO USADO

- Aguamarina, 6 hebras

TAMAÑO FINAL

- Dependerá del tamaño del marco (este marco mide 13 × 18 cm)

1 Corta un trozo de tela de, aproximadamente, el doble de alto y de ancho de la abertura del marco. Con el cristal del marco como guía, marca la abertura en el centro de la tela. Amplía el patrón del helecho (pág. 125) un 133 % para que mida 11 × 16 cm, y transfiere el diseño al centro de la tela (ver *Técnicas*, págs. 107-108).

2 Monta la tela en el bastidor (ver *Técnicas*, pág. 109) y empieza a bordar el diseño del helecho. Para las hojas, primero borda cada hoja con punto lanzado y, después, con un punto de margarita encima del punto lanzado. Esto les dará un efecto de relleno.

3 Borda el tallo principal y el nervio de las hojas con punto de tallo. Saca la tela del bastidor.

4 Plancha la tela sobre una superficie lisa y suave, con el bordado mirando hacia abajo. Tira suavemente de la tela para alisarla.

5 Con cuidado, coloca el cristal del marco encima del cartón pluma y marca el contorno.

6 Con el cúter y la regla metálica, corta el cartón pluma por las líneas marcadas.

 Intenta no presionar excesivamente tu bordado con la plancha, ya que puede deformarlo, así que solo trata de alisar la tela. Si queda alguna arruga o pliegue entre las puntadas, no te preocupes: desaparecerán durante el enmarcado (ver Técnicas, pág. 110, para más trucos de planchado).

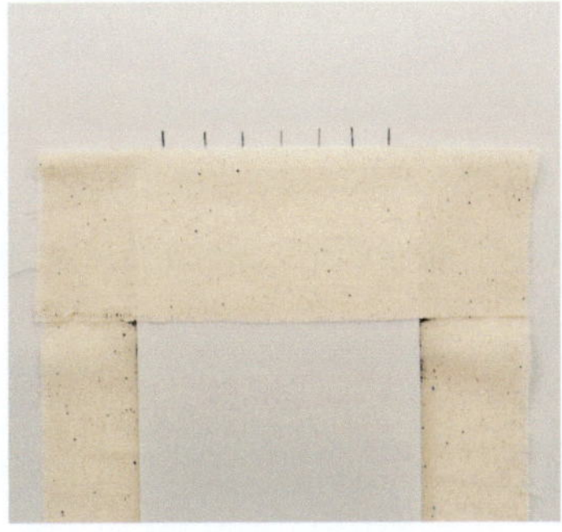

7 Coloca el cartón pluma en el marco para comprobar que encaja. Debería quedar un pequeño margen entre el cartón pluma y el borde interior del marco, ya que necesitarás espacio para envolverlo con la tela. Si es necesario, recorta el cartón pluma hasta que tenga el tamaño correcto.

8 Coloca la tela bordada boca abajo y centra el cartón pluma sobre el revés del bordado. Vuelve el conjunto boca arriba para comprobar que el diseño está centrado, y, si es necesario, ajústalo. Cuando esté centrado, inserta un alfiler en cada lado, directamente en el cartón pluma.

9 Empezando por un lado, coloca alfileres cada 12 mm. Trabaja desde el centro hacia fuera, estirando la tela suavemente hacia la parte trasera a medida que avanzas, para mantenerla lisa y tensa. Repite el proceso en el lado contrario y en los dos lados restantes.

TRUCO *No insertes los alfileres completamente en el cartón pluma hasta que hayas puesto los alfileres en los cuatro lados. Si los clavas a medias, será más fácil quitarlos en caso de que necesites ajustar la tela para mantener centrado el helecho.*

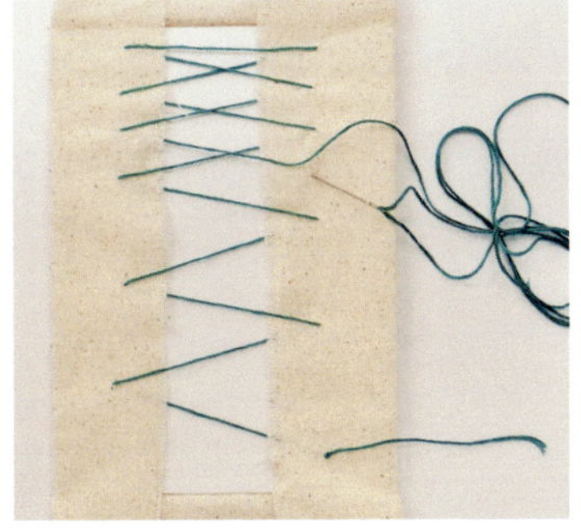
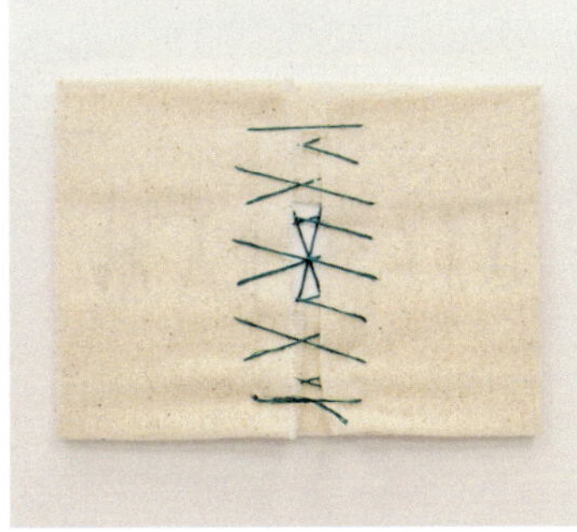

10 Una vez hayas puesto alfileres en los cuatro lados y el helecho quede centrado a tu gusto, clava los alfileres hasta el fondo y añade más, de manera que queden colocados cada 6 mm más o menos. Trabajando con dos lados paralelos a la vez, dobla el exceso de tela hacia la parte trasera del cartón pluma.

11 Si es necesario, recorta la tela para que quede un hueco entre los dos bordes paralelos. Corta un trozo largo de hilo de bordar y enhébralo en la aguja. Une los dos bordes con una costura que vaya de un lado a otro, como si estuvieras atando un zapato. Cuando llegues arriba, baja en la dirección opuesta.

12 Tira ligeramente de los extremos sueltos del hilo y átalos. Haz lo mismo en los otros dos lados, doblando hacia dentro las esquinas, como muestra la imagen. Monta el marco sin el cristal.

kind-
ness

CAPÍTULO 3

PARA TI

CHAQUETA FLORAL

Este proyecto es una introducción perfecta al bordado en ropa. Tanto si bordas una sola flor como un jardín entero, estas coloridas flores darán a tus prendas una nueva vida. Las flores y las hojas pueden combinarse formando un conjunto, dependiendo del espacio que tengas para trabajar; así este diseño puede adaptarse a cualquier estilo y tipo de prenda. Personalmente, me gusta usar seis hebras para que el diseño destaque sobre la tela, pero puedes usar menos para conseguir un efecto más delicado. Recuerda que trabajar con menos hebras exige dar más puntadas para lograr un relleno completo.

MATERIALES

- Marcadores y herramientas para transferir patrones
- Chaqueta u otra prenda
- Estabilizador para el bordado (opcional)
- Bastidor de bordar (opcional, ya que no es necesario para tejidos pesados como la lona o la tela vaquera)
- Hilo de bordar de algodón
- Aguja de bordar
- Tijeras
- Alfileres

PUNTOS UTILIZADOS

- Punto de nudo francés (pág. 112)
- Punto matizado (pág. 113)
- Punto partido (pág. 111)

COLORES DE HILO USADOS

- Albaricoque, 6 hebras
- Azul verdoso, 6 hebras
- Rojo vivo, 6 hebras
- Coral, 6 hebras
- Verde oliva dorado, 6 hebras
- Malva, 6 hebras
- Verde oliva, 6 hebras
- Ciruela, 6 hebras
- Rosa nacarado, 6 hebras
- Amarillo paja, 6 hebras

1 Transfiere tu selección de flores y hojas (pág. 125) a la prenda, como más te guste (ver *Técnicas*, págs. 107-108). Te recomiendo iniciar la labor con un motivo pequeño: para empezar, marca solo una flor o dos. ¡Siempre puedes añadir más a medida que avances! Este diseño funciona muy bien como plantilla y permite colocar las flores y hojas donde mejor queden; este es el método que he usado aquí.

2 Estabiliza tu prenda, si así lo requiere. Si necesitas saber cuándo o cómo escoger el estabilizador correcto, ve a *Técnicas*, en la pág. 109. Mi chaqueta es de un tejido de peso medio ligeramente elástico, así que he usado un estabilizador medio. Corta un trozo de estabilizador de la medida aproximada del área que vas a bordar y adhiérelo al revés de la tela siguiendo las instrucciones del fabricante.

3 Para bordar las flores, empieza por el contorno superior de cada pétalo, usando punto partido.

4 Usa la línea de punto partido como punto de inicio y borda una fila de punto matizado alrededor de cada pétalo. Inclina ligeramente las puntadas hacia la base del pétalo a medida que completes la vuelta.

TRUCO *Asegúrate de que tu prenda está limpia y seca antes de empezar a bordar; plánchala si es necesario.*

5 Si quieres, cambia el color del hilo a medida que te acerques al centro, y sigue rellenando cada pétalo con punto matizado, dando puntadas de la misma longitud que las largas de la primera fila.

6 Para bordar el centro de las flores, rellena el centro de cada una con puntos de nudo francés muy juntos. Empieza en el centro y trabaja hacia fuera en círculos.

7 Para las hojas, borda su contorno con una línea de punto partido. Borda una fila de punto matizado, tomando el contorno de punto partido como inicio. A medida que te acerques a la base de la hoja, inclina las puntadas hacia el centro, como muestra la imagen, para que las puntadas de cada lado de la base de la hoja se encuentren en el centro. Si quieres, cambia el color a medida que te acerques al centro y sigue rellenando la hoja como en el paso 5.

8 Recorta el estabilizador sobrante siguiendo las instrucciones del fabricante; en mi bordado, he cortado alrededor del borde con un par de tijeras pequeñas, asegurándome de no cortar ninguna de mis puntadas.

CUELLO DE CORAZONES

Un cuello de quita y pon es una manera muy divertida de actualizar cualquier conjunto. Me encanta llevar estos cuellos con un jersey, para conseguir un efecto de superposiciones sin mucho volumen, o sobre una camiseta para darle un toque sorpresa. Los corazones de colores vivos aportan encanto gráfico y textura a cualquier conjunto, aunque un motivo floral también quedaría precioso. Si prefieres no confeccionar el cuello, quítaselo a una camisa y borda directamente sobre él.

MATERIALES

- Marcadores y herramientas para transferir patrones
- Para la parte superior del cuello: tela de algodón o lino
- Para la parte inferior: tela de algodón o lino
- Entretela termoadhesiva
- Bastidor de bordado de 15 cm de diámetro
- Hilo de bordar de algodón
- Algodón perlé del número 12
- Aguja de bordar
- Tijeras
- Plancha
- Máquina de coser
- Hilo de coser (que combine con las telas)
- Alfileres
- Sacaesquinas o cualquier objeto puntiagudo, como un palillo chino o una aguja de tricot
- 2 trozos de cinta o cordoncillo de 60 cm (para el lazo)

PUNTOS UTILIZADOS

- Punto atrás (pág. 114)
- Punto partido (pág. 111)

COLORES DE HILO USADOS

- Azul aciano, 6 hebras
- Verde turquesa oscuro, 6 hebras
- Verde turquesa claro, 6 hebras
- Malva, 6 hebras
- Melocotón, 6 hebras
- Rojo, 6 hebras
- Amarillo paja, 6 hebras
- Algodón perlé, negro

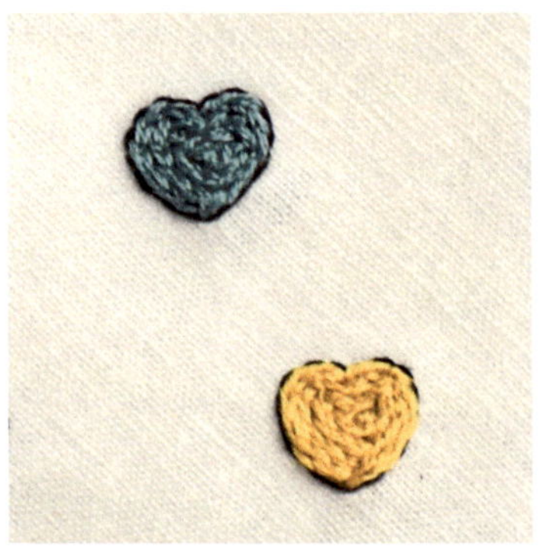

1 Marca los dos lados del cuello (pág. 124) y transfiere los motivos de corazones a la tela de la parte superior. Voltea el patrón hacia un lado para obtener su imagen invertida. Deja margen de tela alrededor de los cantos superiores del cuello para coserlo. Sigue este método para marcar la tela inferior y las piezas de entretela, y recórtalas.

2 Monta la tela superior en el bastidor (ver *Técnicas*, pág. 109). Rellena cada corazón con una línea continua de punto partido, empezando en la parte exterior del corazón y trabajando hacia el centro. En el modelo, he usado varios colores para bordar los corazones.

3 Borda el contorno del corazón con punto atrás, usando algodón perlé.

4 Plancha para eliminar las arrugas que haya dejado el bastidor. Corta las piezas del cuello siguiendo las líneas marcadas.

5 Junta las dos partes superiores, enfrentando derecho con derecho, y cose a máquina el lado recto, dejando un margen de costura de 12 mm.

6 Plancha y abre las costuras. Une las dos partes inferiores del cuello de la misma manera.

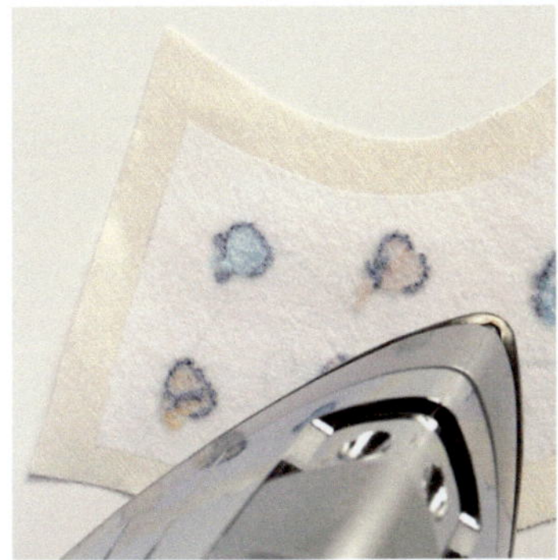

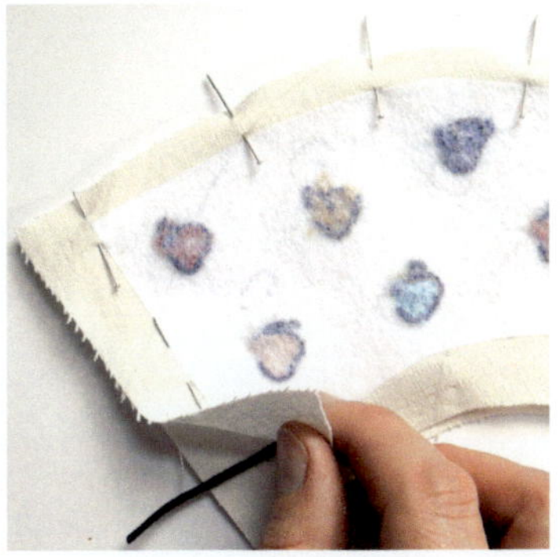

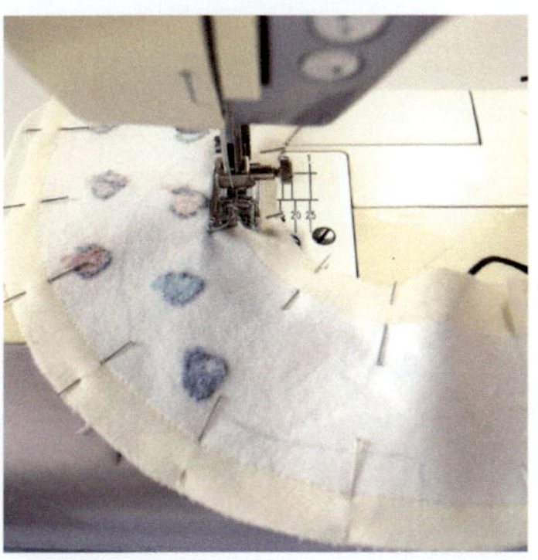

7 Coloca los trozos de entretela termoadhesiva en el revés de las piezas bordadas del cuello, con la cara rugosa mirando hacia abajo, y plánchala con cuidado para que se pegue.

8 Junta las partes inferiores y superiores del cuello, enfrentando derecho con derecho. Coloca una cinta en cada esquina, con el extremo más largo entre las capas de tela, como muestra la imagen. Coloca alfileres alrededor de los bordes y donde esté la cinta para sujetar todo el conjunto.

9 Cose el cuello a máquina alrededor de los bordes, dejando un margen de costura de 12 mm; puedes usar los bordes de la entretela como guía. Deja una abertura de 7,5 cm en el centro de la curva interior para volver el cuello del derecho.

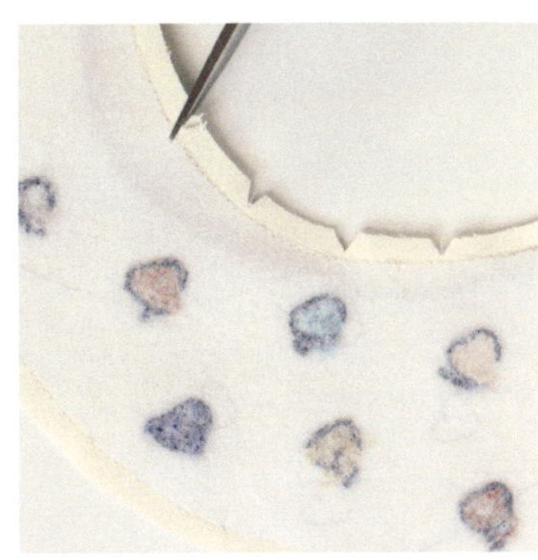

10 Recorta el margen de costura a 6 mm, corta las esquinas (ten cuidado de no cortar las costuras) y haz unas muescas con las tijeras en las partes curvas.

11 Vuelve el cuello del derecho a través de la abertura usando un sacaesquinas o cualquier otro objeto puntiagudo para empujar hacia fuera las esquinas y costuras. Dobla los bordes de la abertura hacia dentro. Plancha los bordes con la plancha caliente.

12 Cose a mano o a máquina la abertura del cuello, corta las cintas a la medida deseada y haz un nudo en los extremos.

FUNDA DE GAFAS CON BORDADO DE SANDÍAS

Protege de los arañazos tus gafas de sol con esta alegre funda. El motivo de sandías te recordará a los días veraniegos, y el cierre flexible mantendrá tus gafas bien guardadas. Esta funda también es genial para guardar en el bolso materiales de bordado de proyectos pequeños u otros objetos. Experimenta con las puntadas; el punto matizado, el punto de cadeneta o el punto atrás son buenas opciones para el relleno, aunque puedes bordar solo los contornos.

MATERIALES

- Marcadores y herramientas para transferir patrones
- Tela exterior: 25 cm de tela de loneta
- Forro: 35 cm de tela de algodón estampada
- Entretela termoadhesiva de gramaje medio o bajo
- Bastidor de bordar de 18 cm
- Hilo de bordar de algodón
- Aguja de bordar
- Tijeras
- Regla
- Plancha
- Alfileres
- Máquina de coser
- Hilo de coser (que combine con las telas)
- Sacaesquinas o cualquier objeto puntiagudo, como un palillo chino o una aguja de tricot
- Boquilla flexible para monederos de 10 cm
- Alicates

PUNTO UTILIZADO

- Punto partido (pág. 111)

COLORES DE HILO UTILIZADOS

- Negro, 4 hebras
- Crudo, 6 hebras
- Verde oliva dorado, 6 hebras
- Rojo sandía, 6 hebras

TAMAÑO FINAL

- 19,5 X 10 cm

1 Amplía la pieza principal (pág. 123) un 200 %. Transfiere los motivos de sandías sobre una de las telas exteriores. Utiliza el mismo patrón para marcar y cortar dos piezas de forro y dos piezas de entretela termoadhesiva. Amplía la pieza de la pestaña del cierre un 200 %, transfiérela a la tela exterior y córtala.

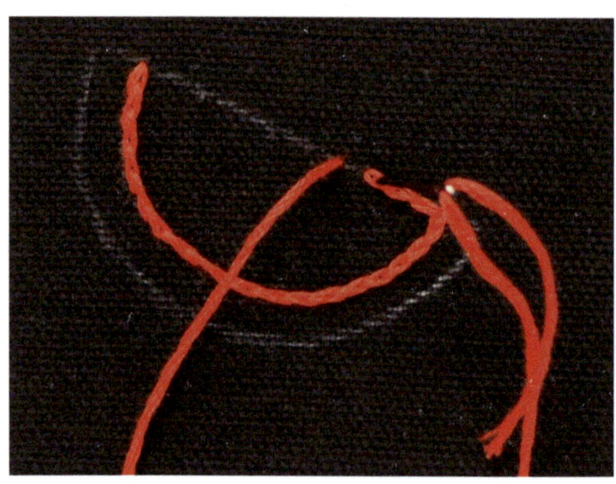

2 Monta la tela exterior con el diseño marcado en el bastidor (ver *Técnicas*, pág. 109) y borda la sección central de los motivos de la sandía, usando punto partido para rellenar toda la forma.

3 Borda aleatoriamente las semillas de las rodajas de sandía a lo largo de cada motivo con una sola puntada de punto partido de color negro.

4 Borda las partes blancas y verdes de las rodajas con una fila o dos por color de punto partido alrededor del borde del bordado en rojo. Corta la tela exterior bordada y sin bordar siguiendo las líneas marcadas, y resérvalas.

5 Coge una de las pestañas de cierre y dobla unos 12 mm hacia dentro los dos lados cortos. Con la máquina, cose los dos lados doblados a 3 mm del borde. La pieza resultante debería medir unos 10 x 7 cm.

6 Dobla la pestaña de cierre por la mitad, con el derecho hacia fuera, para que mida unos 10 x 3,5 cm. Dobla y cose de la misma manera la otra pestaña de cierre. Reserva ambas pestañas.

7 Plancha la entretela termoadhesiva sobre el revés de las piezas interiores.

8 Coloca la tela bordada con la parte bordada hacia arriba. Pon una pieza de forro sobre la tela bordada, con el derecho hacia abajo.

9 Intercala una de las pestañas de cierre entre la tela exterior y el forro, centrándola y alineando los bordes. Coloca alfileres para mantener las tres capas juntas. Cose a máquina, dejando un margen de costura de 12 mm.

10 Quita los alfileres y dobla la pestaña de cierre hacia el forro. Haz un pespunte a 3 mm del borde. Cose la otra pestaña de cierre de la misma manera, intercalándola entre la tela exterior y el forro.

11 Junta las piezas cosidas, alineando los lados del forro y los de la tela exterior como muestra la fotografía. Coloca alfileres alrededor de los bordes.

12 Cose a máquina alrededor de todo el borde, dejando una abertura de 7,5 cm en el forro para volver la funda del derecho. Ten cuidado de no coser las pestañas de cierre, para que no queden cerradas. Recorta los bordes de las telas a 6 mm.

13 Corta las esquinas con cuidado de no cortar las puntadas. Vuelve la funda del derecho a través de la abertura.

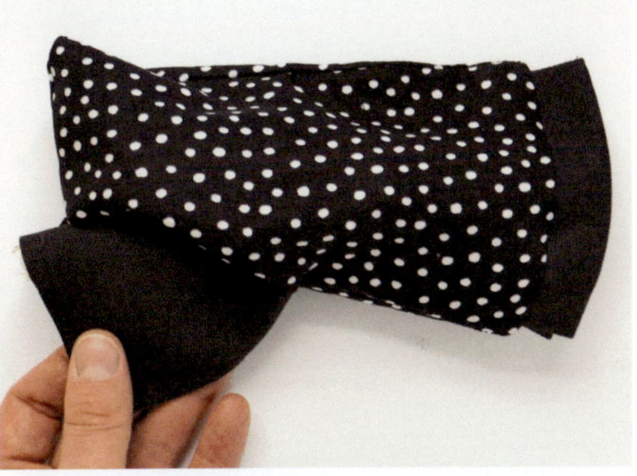

14 Usa un sacaesquinas, o cualquier otro objeto puntiagudo, para empujar las esquinas hacia fuera; dobla los bordes de la abertura hacia dentro. Cose a máquina la abertura. Mete el forro dentro de la funda.

15 Para insertar y montar el cierre flexible, ábrelo por el lado suelto. Desliza un extremo en cada pestaña de cierre y empújalos hasta que sobresalgan por el otro lado.

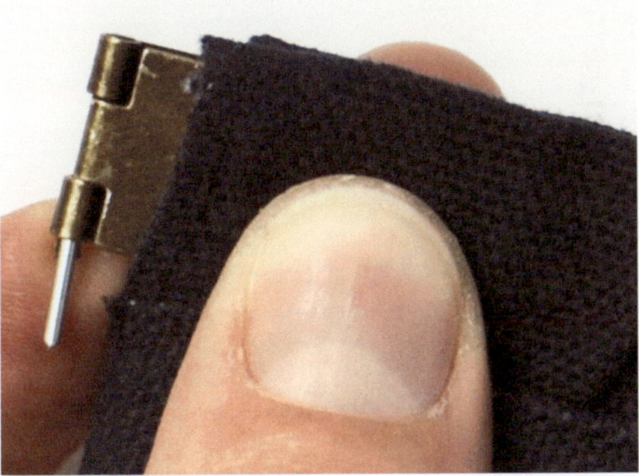

16 Cierra la bisagra e inserta la pequeña clavija que viene con el kit del cierre flexible. Aprieta la bisagra con los alicates.

BROCHES DE FIELTRO CON FLORES

Este método puede usarse para hacer broches de diferentes tamaños y formas con facilidad. No hay patrón para transferir, así que atrévete a experimentar con diferentes puntos y motivos que te permitan crear tu propio broche. ¡Te sorprenderá lo rápido que, con unas puntadas, puedes crear un bonito jardín portátil!

MATERIALES

- Marcadores
- Regla
- Trozo de fieltro de lana o mezcla
- Hilo de bordar de algodón
- Aguja de bordar (con el fieltro funcionan mejor las de tamaño grande)
- Tijeras de tela
- Alfileres
- Prendedor
- Pistola de cola caliente

TAMAÑO FINAL

- Diámetro: unos 3 cm

PUNTOS UTILIZADOS

- Punto atrás (pág. 114)
- Punto de nudo francés (pág. 112)
- Punto partido (pág. 111)
- Punto lanzado (pág. 111)

COLORES DE HILO USADOS
(EN EL BROCHE DE MUESTRA)

- Rojo clavel, 4 hebras
- Crudo, 6 hebras
- Verde oliva dorado, 4 hebras
- Azul marino, 4 hebras
- Topacio, 6 hebras

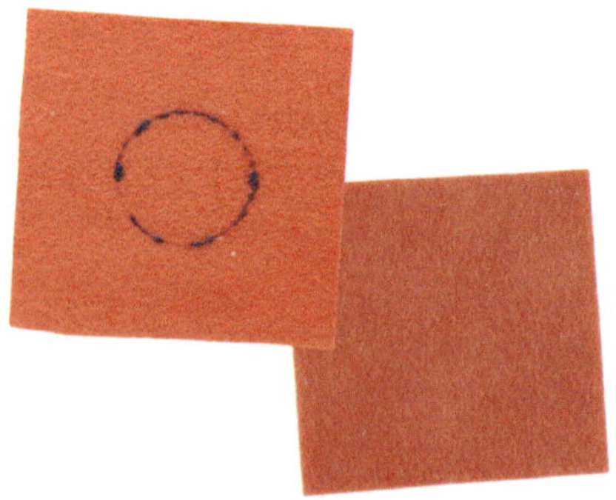

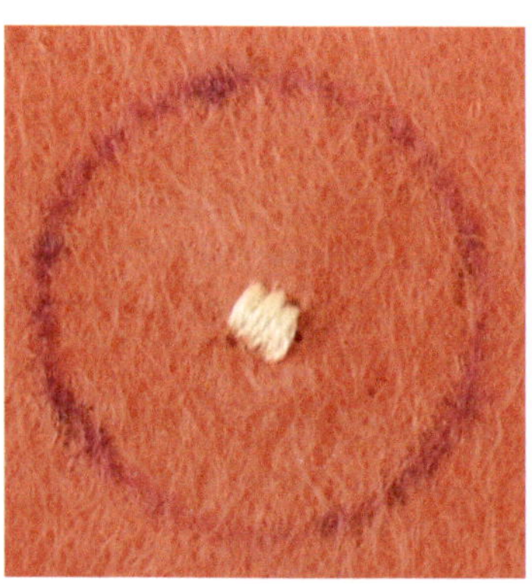

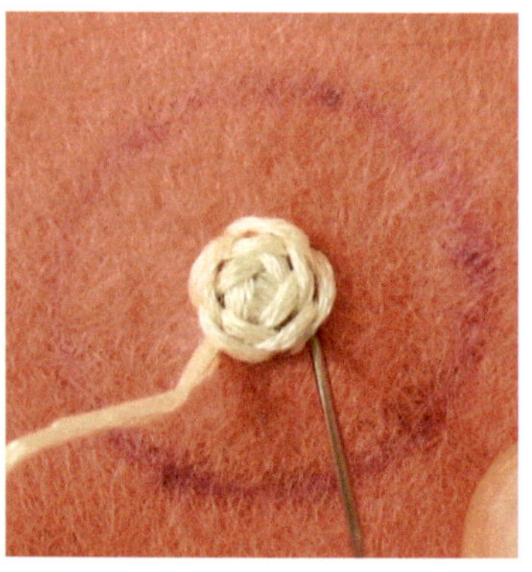

1 Corta dos cuadrados de fieltro de 7,5 x 7,5 cm. Marca ligeramente un círculo de 2,5 cm de diámetro en el centro de una de las piezas de fieltro.

2 Para la rosa central, borda tres puntos lanzados en el centro del círculo.

3 Rodea los puntos lanzados con otros puntos lanzados ligeramente superpuestos, como muestra la imagen. Continúa solapando las puntadas y aumenta su longitud a medida que la rosa sea más grande, hasta que tenga un diámetro aproximado de 10 mm.

4 Las hojas de la izquierda están hechas con grupos de puntos lanzados. Empieza en el punto más largo y borda una serie de puntos lanzados dándoles forma de hoja. Clava la aguja en el mismo lugar en cada puntada.

5 Para las bayas, borda algunos puntos de nudo francés en la parte inferior de la rosa.

6 Para las hojas de la derecha, borda grupos de dos puntos lanzados, cortos y muy juntos, formando una pequeña V.

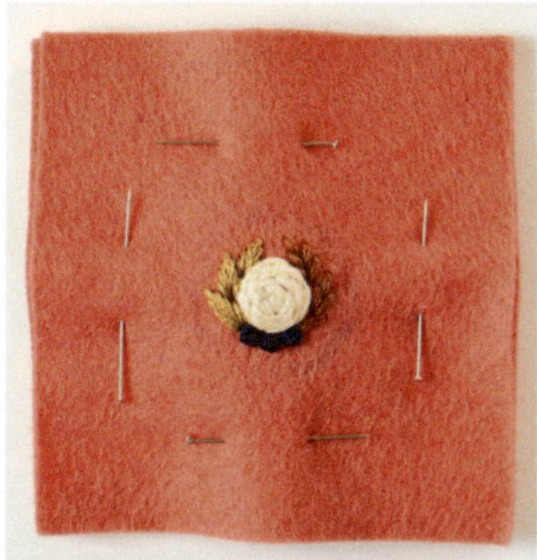

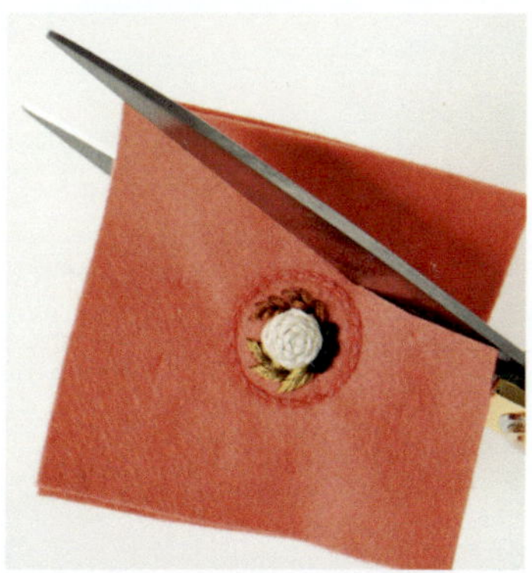

7 Junta las dos capas de fieltro y sujétalas con alfileres.

8 Borda alrededor del círculo marcado con punto partido para unir las dos capas de fieltro. Termina con unos cuantos puntos atrás en la capa trasera de fieltro. Pasa el hilo entre las dos capas de fieltro y córtalo.

9 Con unas tijeras para tela bien afiladas, recorta el fieltro alrededor del borde de punto partido, lo más cerca posible de este.

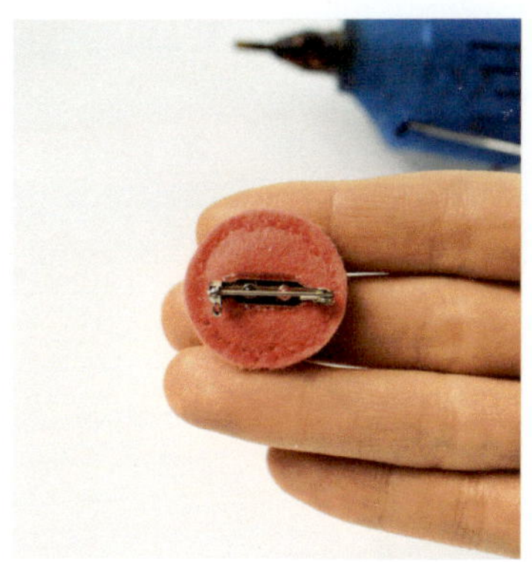

TRUCO *Aquí no hay patrón para transferir, así que puedes dar rienda suelta a tu creatividad. Usa los puntos y motivos de este libro como inspiración y juega con diferentes formas y tamaños de fieltro.*

10 Con la pistola de cola caliente, pega el prendedor a la parte trasera del broche de fieltro. También puedes coser el prendedor en su sitio, pero es mejor hacerlo antes de unir las dos capas de fieltro.

COLGANTE CON BORDADO GEOMÉTRICO

En este colgante, he combinado un motivo sencillo con un toque de color vivo para conseguir una mezcla divertida entre lo clásico y lo contemporáneo. Me encanta cómo los colores vivos y los motivos llamativos juegan sobre un fondo neutro, aunque también puedes experimentar con diferentes colores y texturas para que conjunten con tu guardarropa. Estos marcos de madera en miniatura son mis favoritos para trabajar. ¡Cada pequeño bastidor inspira infinitas posibilidades!

MATERIALES

- Un cuadrado de 13 X 13 cm de tela de algodón en un color natural
- Bastidor de bordar de 7,5 cm de diámetro
- Kit para collares con un minibastidor redondo de madera de 4 cm de diámetro
- Lápiz
- Regla
- Hilo de bordar de algodón
- Aguja de bordar
- Tijeras para tela
- Pistola de cola caliente
- Destornillador de punta plana
- Cola para madera
- Pinzas para la colada o un libro pesado

PUNTOS UTILIZADOS

- Punto lanzado para las versiones A y B (pág. 111)
- Punto de nudo francés para la versión C (pág. 112)
- Punto de satén (pág. 113)

COLORES DE HILO USADOS

- Negro, 4 hebras
- Rojo vivo (versión A); arena (versión B); aguamarina (versión C): 4 hebras

TAMAÑO FINAL

- Diámetro del bastidor: unos 4 cm
- Longitud de la cadena: unos 70 cm

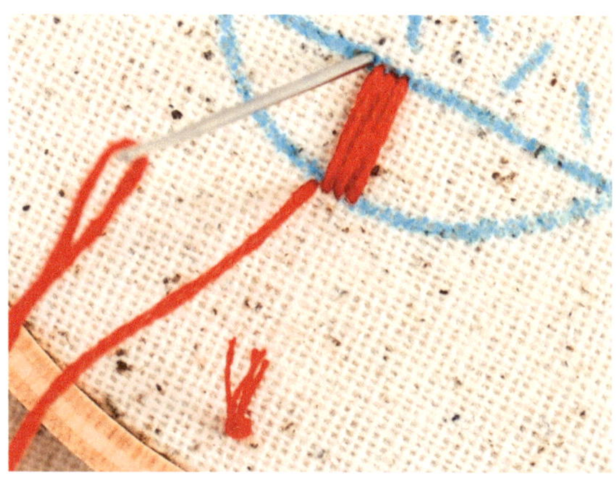

1 Monta la tela en el bastidor (ver *Técnicas*, pág. 109). Dibuja un círculo en la tela usando como guía la pieza circular del kit para collares. Con una regla, marca una línea recta en el cuarto inferior del círculo. Marca el motivo en la sección grande. ¡Las rayas y los puntos son opciones muy divertidas! También puedes bordar el motivo a mano alzada, si quieres.

2 Haz un nudo desechable, sin rematar el hilo (ver *Técnicas*, pág. 110), a unos 2,5 cm del perímetro del círculo. Saca la aguja en el borde del centro de la sección inferior y borda con punto lanzado hacia un lado. Rellenada la sección, vuelve al centro y completa el otro lado.

TRUCO *Asegúrate de empezar y acabar cada pieza con un nudo desechable situado fuera de la labor. Esto hará que quede lisa y sin bultos.*

3 Rellena el patrón como quieras. Aquí he usado puntos lanzados en ángulos aleatorios, lo que se conoce como *punto de semilla*.

Para la versión C, rellena la sección superior del motivo con puntos de nudo francés.

4 Saca la tela del bastidor. Centra el bordado encima del disco de madera del kit para collares. Coloca el bastidor del collar sobre el bordado y el disco de madera y presiona hacia abajo para fijar la tela.

5 Con unas tijeras para tela bien afiladas, recorta la tela sobrante, dejando un margen de 6 mm de tela alrededor del bastidor exterior.

6 Usa la pistola de cola caliente para pegar la tela y los hilos sueltos al disco de madera, por el revés del bastidor.

7 Monta la cadena, la tuerca y el tornillo del kit, asegurándote de que el diseño está centrado antes de apretar el tornillo con el destornillador.

8 Pon una fina línea de cola de madera alrededor del borde del bastidor, en el revés. Alinea la pieza de la parte trasera con la muesca de la parte superior del bastidor y presiona con fuerza. Para asegurarte de que las piezas queden bien pegadas, sujeta todas las piezas juntas con pinzas mientras se seca el collar. También puedes colocar el bastidor debajo de un libro pesado.

BOLSA CON AMULETO DE POMPONES

Tengo una gran colección de bolsas de lona y las uso más que los bolsos. Son informales y fáciles de lavar, y ofrecen mucho sitio para llevar objetos diversos. Las bolsas lisas son muy económicas y un lienzo en blanco perfecto para bordar adornos sencillos que transforman una bolsa aburrida en una pieza personal y única. Aquí vemos un amable mensaje bordado que, combinado con un divertido y peludo amuleto de pompones, transmitirá alegría mientras te mueves por la ciudad.

MATERIALES

- Marcadores
- Bolsa de algodón en un tono natural
- Bastidor de bordado de 18 cm de diámetro
- Hilo de bordar de algodón
- Aguja de bordar
- Plancha
- 7,5 cm de cinta de algodón de 12 mm de ancho (opcional)
- Alfileres
- Máquina de coser
- Hilo de coser (que combine con las telas)
- Lana de varios colores (para los pompones)
- Plantilla para hacer pompones o un trozo de cartón resistente de 10 x 7,5 cm
- Tijeras
- Mosquetón grande con anilla
- Aguja lanera
- Cuentas de madera de 20 mm

PUNTO UTILIZADO

- Punto partido (pág. 111)

COLOR DE HILO USADO

- Negro, 6 hebras

kind-
ness

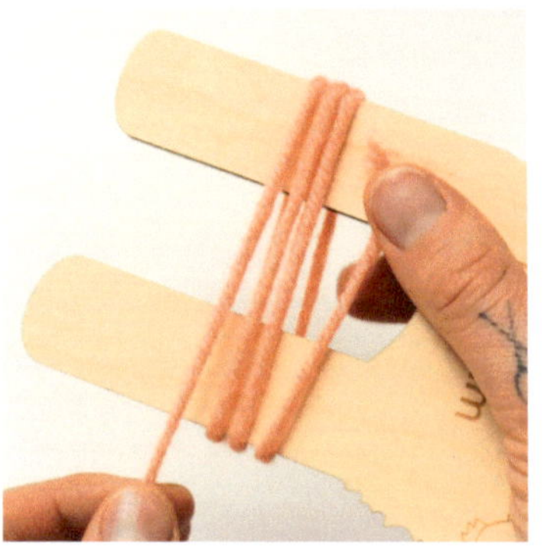

1 Transfiere el motivo *kindness* (pág. 122) a la bolsa, centrando el diseño cerca del borde superior (ver *Técnicas*, págs. 107-108). Monta el frontal de la bolsa en el bastidor (ver *Técnicas*, pág. 109). Borda el motivo con punto partido. Saca la tela del bastidor y plancha las arrugas.

2 Puedes enganchar el amuleto de pompones directamente al asa de la bolsa. Para hacer una pequeña presilla, dobla la cinta de algodón por la mitad y mete los extremos hacia dentro unos 12 mm. Coloca la presilla cerca del asa de la bolsa y préndela con alfileres. Cósela a máquina cerca del borde.

3 Para los pompones, enrolla la lana varias veces alrededor de la plantilla para pompones o del trozo de cartón.

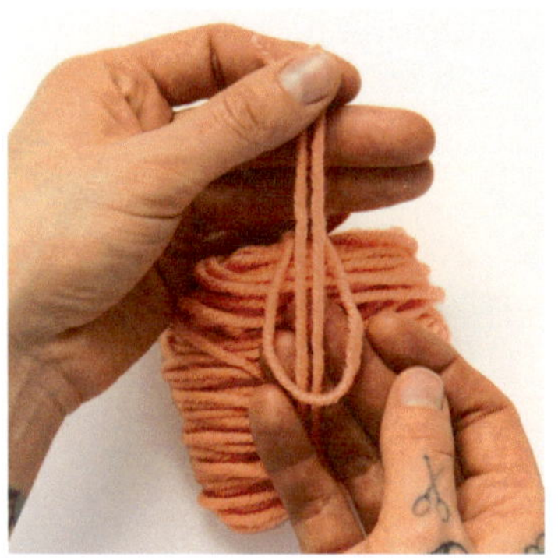

4 Corta un trozo de lana de 45 cm y dóblalo por la mitad para formar un gran bucle. Con cuidado, quita la lana enrollada de la plantilla para pompones, sujetándola con firmeza para asegurarte de que no se suelte ninguna hebra.

5 Con cuidado, enrolla el bucle alrededor del centro de la madeja de lana y pasa los extremos por el bucle. Tira fuerte del hilo.

6 Separa los extremos sueltos y, mientras sujetas uno de ellos, enrolla el otro varias veces alrededor del centro de la lana enrollada. Ata los extremos tan fuerte como sea posible; si haces un nudo flojo, ¡tu pompón se desmontará!

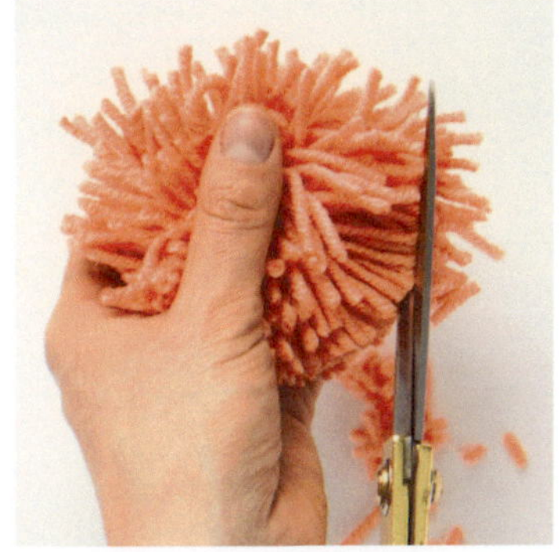

7 Corta los bucles con unas tijeras afiladas. Recorta tu pompón para darle el tamaño y la forma deseados. Repite los pasos 3 a 6 para hacer tantos pompones como quieras para tu bolsa.

TRUCO *Para hacer un pompón en bloques de colores, enrolla los diferentes colores de lana en secciones separadas. Para un pompón moteado, enrolla diferentes colores de lana a la vez.*

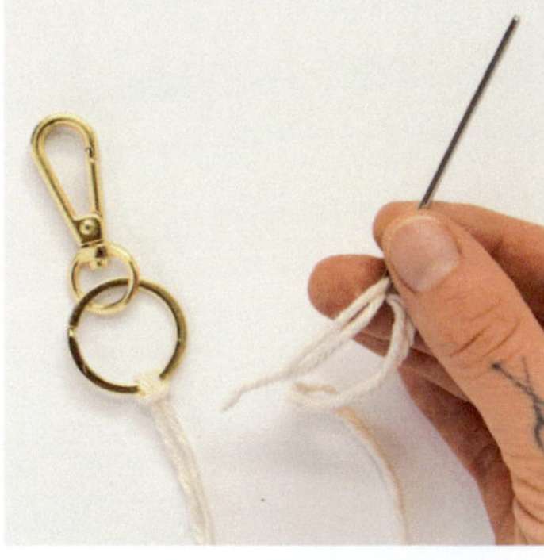

8 Corta un trozo de lana lo suficientemente largo como para enfilar dos veces todos los pompones y añádele unos centímetros extra. Dóblalo por la mitad para formar un bucle. Pasa el bucle por la anilla de llavero y los extremos por el bucle; tira de los extremos y enhébralos en la aguja lanera.

9 Enfila los pompones uno a uno en las hebras de lana.

TRUCO *Asegúrate de clavar la aguja en el centro del pompón. Si te cuesta que la aguja pase con las dos hebras, tira de cada una por separado.*

10 Una vez enfilados todos los pompones, inserta la aguja lanera en la cuenta de madera para enfilarla. Ajusta el espacio entre los pompones y la longitud total del amuleto y haz un nudo en el final de la lana para asegurarlo todo.

11 Corta los extremos de la lana según sea necesario. Engancha el amuleto en la presilla que has puesto en el paso 2 o en el asa.

NECESER DE MAQUILLAJE CON CREMALLERA

Los neceseres con cremallera son imprescindibles para todo, no solo para el maquillaje. Son regalos geniales, en especial si se personalizan, y son perfectos para llevar material de bordado para los proyectos portátiles. Una sencilla puntada de contorno, combinada con detalles de vivos colores, aportan a este neceser multiusos un divertido aire de arte pop.

MATERIALES

- Marcadores
- Tela exterior: 2 piezas de loneta, una de 20 x 28 cm y otra de 30,5 x 30,5 cm
- Tela interior: 2 piezas de algodón estampado de 20 x 28 cm
- Regla
- Pintura acrílica (he usado la marca Apple Barrel en fucsia y calabaza, y la marca Americana en canela, rosa chicle y violeta vivo)
- Pincel con las cerdas cortas
- Bastidor de bordado de 25 cm
- Hilo de bordar de algodón
- Aguja de bordar
- Plancha
- Tijeras de tela
- Cremallera de 23 cm
- Alfileres o clips
- Máquina de coser (con prensatelas de cremallera)
- Hilo de coser (que combine con la tela exterior)
- Cinta de carrocero (opcional)

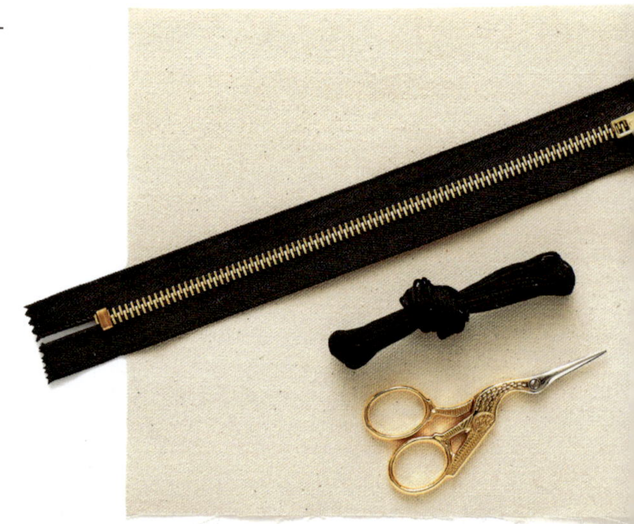

PUNTO UTILIZADO

- Punto atrás (pág. 114)

COLOR DE HILO USADO

- Negro, 3 hebras

TAMAÑO FINAL

- Unos 27 X 19 cm

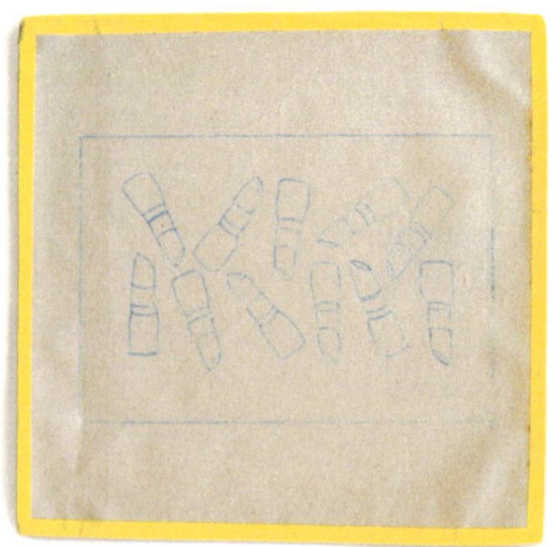

1 Amplía el patrón (pág. 119) un 250 % y transfiere los motivos y el contorno del rectángulo a una de las piezas exteriores (ver *Técnicas*, págs. 107-108). Deja tela adicional alrededor del rectángulo para tener margen al montar el bastidor. Usa el mismo patrón para marcar y cortar la otra tela exterior y el forro.

2 Con cuidado, pinta la parte coloreada de cada motivo de pintalabios, aplicando una o dos capas ligeras de pintura a cada pintalabios. Deja que la pintura se seque.

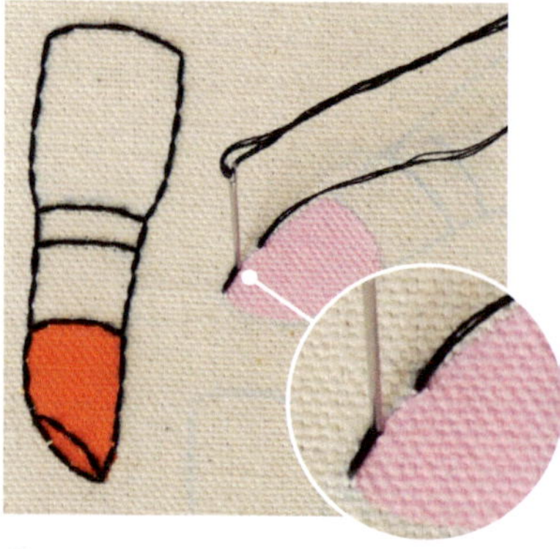

3 Monta la tela pintada en el bastidor (ver *Técnicas*, pág. 109). Borda con punto atrás las líneas negras del contorno de los pintalabios.

4 Saca la tela del bastidor. Plánchala con la cara pintada hacia abajo, para eliminar cualquier arruga que haya dejado el bastidor. Recórtala siguiendo las líneas marcadas en el paso 1.

5 Coloca la tela mirando hacia arriba y alinea la cremallera en el borde superior, con el derecho boca abajo. Coloca una de las piezas de la tela interior sobre la cremallera, con el derecho boca abajo, como muestra la imagen.

6 Coloca alfileres en todas las capas y cose a máquina con el prensatelas para cremalleras, asegurándote de apartar el tirador de la cremallera del camino del prensatelas a medida que cosas.

TRUCO *La loneta se deshilacha con facilidad, así que te recomiendo que pongas cinta de carrocero en los bordes de la pieza grande de tela exterior. La cinta mantendrá los bordes intactos mientras pintas y bordas.*

7 Gira la tela para que el derecho quede boca arriba y plánchala con la plancha caliente, estirando la tela en dirección contraria a la cremallera. Haz un sobrepespunte a lo largo de la cremallera en las capas de tela planchadas.

8 Repite los pasos 6 y 7 para hacer el otro lado del neceser, usando los demás trozos de tela exterior e interior.

9 Abre la cremallera unos tres cuartos (¡no lo olvides o no podrás dar la vuelta a tu neceser!). Gira la tela de manera que los derechos de las telas exteriores y los de las interiores queden enfrentados. Asegúrate de que los dientes de la cremallera miran hacia la tela interior.

10 Junta los bordes las telas y coloca alfileres. Cose alrededor de los cuatro lados con un margen de costura de 12 mm, dejando una abertura de 10-12 cm en la parte inferior del forro para volver el neceser del derecho.

11 Corta las esquinas con unas tijeras afiladas, con cuidado de no cortar las puntadas; después, vuelve el neceser del derecho a través de la abertura del forro.

12 Dobla los bordes sin pulir de la abertura hacia dentro y cóselos. Mete el forro en la tela exterior del neceser y empuja las esquinas hacia fuera.

PARCHE CON MANO Y AGUJA

Los parches son una manera genial de expresar tu personalidad; pueden transformar una prenda ordinaria en una declaración personal. Son una alternativa perfecta al bordado sobre prendas, ya que no las modifican de manera permanente. La mano que sostiene la aguja con hilo manifestará tu amor por las cosas hechas a mano, pero también puedes usar esta técnica para hacer parches de cualquier medida y tamaño. A la hora de escoger una prenda para adornarla con parches, elige una que no necesite lavarse con frecuencia, como una chaqueta o una mochila. Cuando tus prendas lleven parches pegados, ten mucho cuidado y lávalas a mano o usa un quitamanchas; no utilices la secadora.

MATERIALES

- Marcadores y herramientas para transferir patrones
- Trozo cuadrado de loneta de 20 x 20 cm
- Trozo cuadrado de fieltro de lana o mezcla de 15 x 15 cm
- Hilo de bordar de algodón
- Aguja de bordar
- Tijeras
- Adhesivo permanente para tejidos (lavable)
- Pincel pequeño o pincel de espuma
- Hilo de coser (que combine con el fieltro)

PUNTOS UTILIZADOS

- Punto atrás (pág. 114)
- Punto bastilla (pág. 114)

COLORES DE HILO UTILIZADOS

- Negro, 3 hebras
- Dorado claro, 3 hebras

TAMAÑO FINAL

- Unos 10 X 10 cm

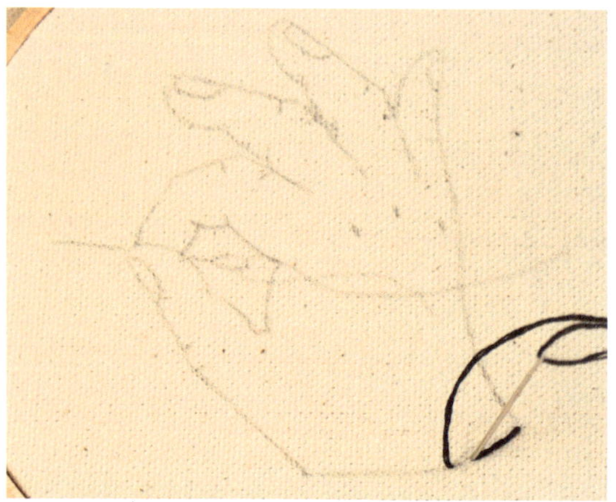

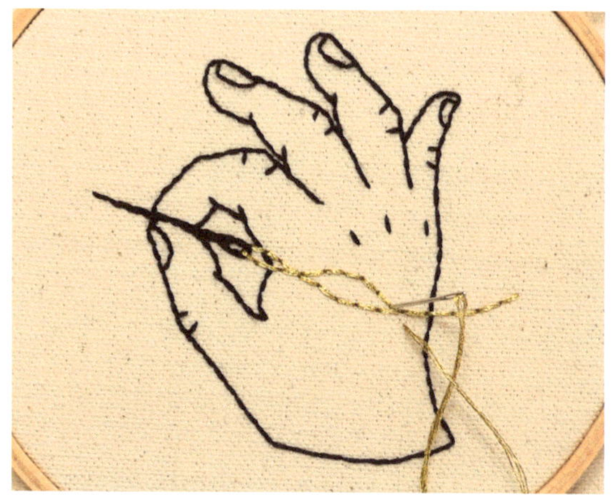

1 Transfiere el motivo de la mano (pág. 122) a la loneta (ver *Técnicas*, págs. 107-108). Monta la tela en el bastidor (ver *Técnicas*, pág. 109). Borda la mano y la aguja con punto atrás usando 3 hebras de hilo negro.

2 Borda el hilo con tres hebras de hilo dorado.

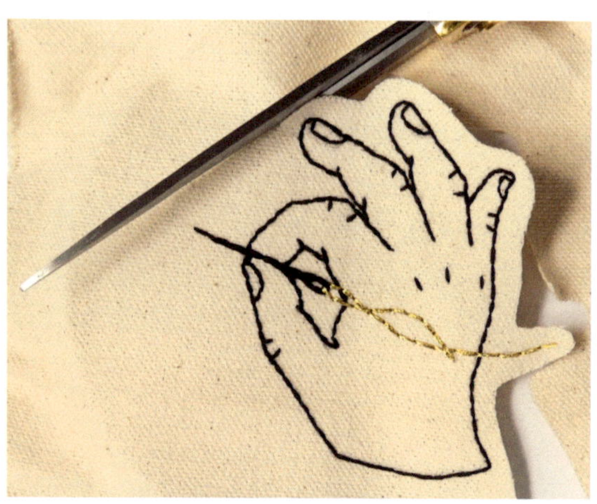

3 Saca la tela del bastidor y, con cuidado, recorta el motivo dejando un margen de 6 mm desde la línea de punto atrás.

4 Con el pincel (para pintura o de espuma), extiende una capa uniforme de adhesivo permanente para tejidos en todo el revés de la pieza, asegurándote de llegar hasta los bordes. Esto hará que la tela no se deshilache. Trabaja tan rápido como puedas y, si es necesario, añade más adhesivo a medida que trabajas.

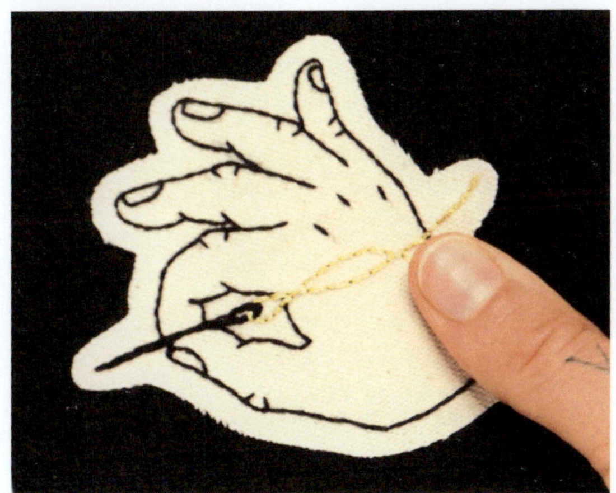

5 Coloca la tela bordada encima del fieltro, con la cara encolada hacia abajo. Aprieta firmemente y limpia cualquier exceso de pegamento. Coloca encima un libro y déjala secar unas horas.

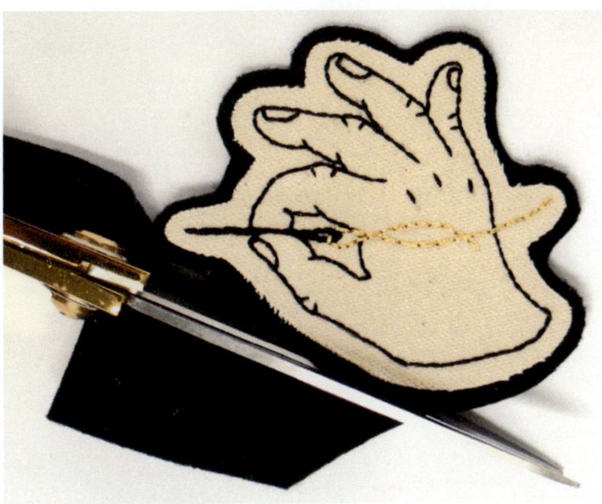

6 Cuando se haya secado el pegamento, recorta el fieltro alrededor del diseño con cuidado, dejando un margen de 6 mm.

7 Con hilo de coser, cose el parche a la prenda escogida. Utiliza punto de bastilla o punto atrás de puntadas cortas, y cose alrededor del borde del parche tantas veces como sea necesario hasta que el parche quede completamente fijado.

TRUCO *Si el revés de tu bordado tiene muchos bultos o prefieres fijarlo mejor, cose la tela directamente al fieltro. Escoge un hilo que combine y utiliza el punto que prefieras para coser el contorno. Si usas este método, te recomiendo aplicar un sellador de costuras en los bordes de la tela bordada antes de empezar a coser, para evitar que se deshilache.*

GUÍA DE PUNTOS Y TÉCNICAS

Esta sección se centra en el manejo de patrones, las técnicas de transferencia, los estabilizadores y el montaje del bastidor. También te mostrará cómo hacer todos los puntos usados para crear los proyectos de este libro. Cada punto está claramente explicado, con instrucciones paso a paso y útiles diagramas, además de ejemplos del punto acabado para mostrar sus aplicaciones.

CÓMO TRABAJAR CON PATRONES Y MOTIVOS

A la hora de usar un motivo tal y como aparece en los patrones del libro, solo tienes que copiarlo en un papel de calco y transferir el diseño a la tela.

PAPEL DE CALCO
Coloca una hoja de papel de calco sobre el diseño y calca con un lápiz. Retira el papel de calco y, si es necesario, repasa las líneas dibujando encima con un portaminas o un bolígrafo. Escoge el método de transferencia que prefieras (págs. 107-108).

AMPLIAR O REDUCIR UN DISEÑO
Utiliza una fotocopiadora y especifica el porcentaje al que quieres ampliar o reducir el diseño.

TÉCNICAS DE TRANSFERENCIA

1 PLANTILLAS

Este método es útil para transferir diseños a prendas confeccionadas y es ideal si se quiere repetir más de una vez el diseño. Funciona bien con diseños de formas definidas y con poco detalle.

1 Para crear una plantilla, calca el diseño en una cartulina y recórtala con cuidado.

2 Coloca la plantilla de cartulina encima de la tela y dibuja alrededor del borde, completando cualquier detalle a mano si es necesario.

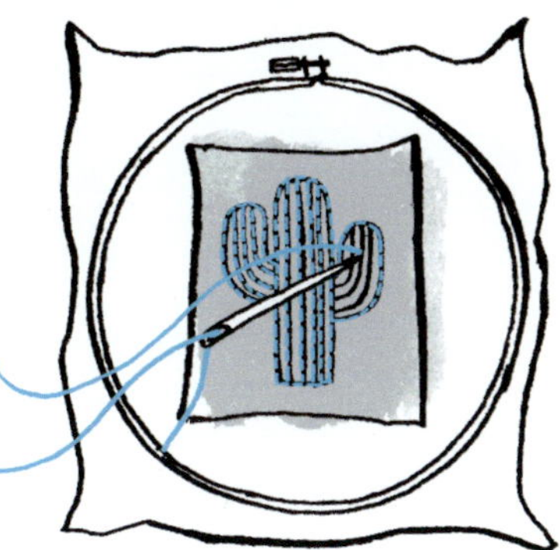

2 PAPEL ENCERADO PARA CONGELAR (*FREEZER PAPER*)

1 Con un lápiz o bolígrafo normal, calca el diseño en la cara mate del papel.

2 Coloca el papel encima de la tela con la cara encerada hacia abajo y plánchalo con la plancha templada para pegar temporalmente el papel a la tela. Puedes bordar directamente sobre él.

3 Cuando acabes de bordar, retira el papel en trozos pequeños, asegurándote de no estirar las puntadas. Este método funciona muy bien con materiales como el fieltro de colores oscuros, ya que es difícil marcarlo con un lápiz o un bolígrafo.

3 CALCO CON CAJA DE LUZ

Esta es, probablemente, la manera más sencilla e transferir un diseño a la tela. Coloca el diseño encima de una caja de luz, con el derecho boca arriba, de manera que quede iluminado desde abajo. Coloca la tela encima del diseño en la posición adecuada. Calca las líneas con el marcador más adecuado para el tipo de tejido que estás usando.

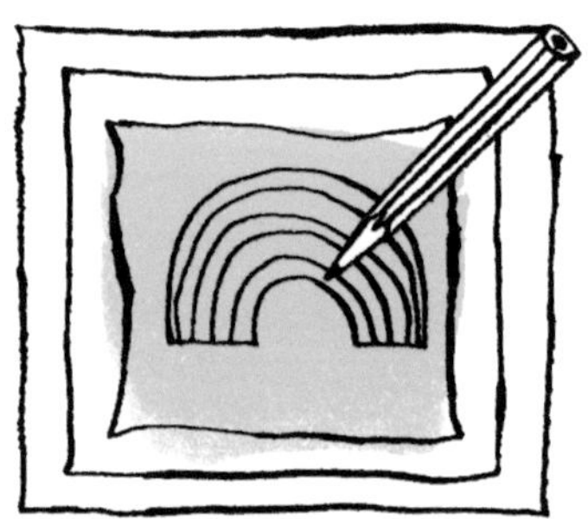

4 PAPEL CARBÓN DE SASTRE

El papel carbón de sastre funciona igual que el papel carbón ordinario, pero está especialmente fabricado para usar con tejidos. Coloca la tela en una superficie plana, con el derecho boca arriba. Coloca el diseño que vayas a calcar encima de la tela. Intercala una hoja de papel carbón entre la tela y el diseño, con la cara del carbón mirando hacia la tela. Con cuidado, marca encima del diseño con un lápiz o un bolígrafo.

5 PATRONES CON TRANSFERENCIA TÉRMICA

1 Sitúa el tejido en una superficie ligeramente acolchada. Coloca alfileres para sujetar el patrón, con el lado entintado hacia abajo. El diseño quedará invertido. Con la plancha caliente, plancha el papel durante 30 segundos. No deslices la plancha: levántala y vuelve a colocarla sobre el papel hasta cubrir todo el diseño.

2 Con cuidado, levanta una esquina del patrón para ver si el diseño se ha transferido completamente. En caso negativo, aplica más calor hasta que todas las líneas del diseño se hayan transferido de una forma nítida. Las líneas transferidas son permanentes y deberás cubrirlas con las puntadas.

6 ESTABILIZADORES SOLUBLES

Los diseños pueden calcarse con un lápiz o imprimirse en una lámina o papel soluble en agua, que también actúa como estabilizador del tejido. Coloca alfileres o hilvana la lámina o el papel al derecho de la tela y borda encima. Como alternativa, puedes usar un bastidor de bordado para sujetar la película o el papel a la tela. Cuando acabes de bordar, enjuaga la tela en agua siguiendo las instrucciones del fabricante para eliminar cualquier rastro de estabilizador.

ESTABILIZADORES

Los estabilizadores se colocan bajo el tejido para añadirle peso, resistencia o cuerpo. A veces, los tejidos de trama abierta necesitan estabilizarse, como sucede con las telas elásticas o muy ligeras. El estabilizador suele aplicarse en el revés de la tela antes de empezar a bordar o coser. Hay muchos tipos de estabilizadores en el mercado, dependiendo del tipo de tela con el que trabajes o de la finalidad del producto.

MUSELINA

La muselina sin blanquear es un estupendo estabilizador ligero. Cuando bordes un diseño en algodón o lino que pretendas enmarcar, una capa de muselina debajo dará consistencia a la labor acabada y evitará que las puntadas desordenadas y los nudos se vean por el derecho. Corta la muselina del mismo tamaño que el trozo de tela y monta las dos capas juntas en el bastidor. La muselina también puede usarse en lugar de la entretela o de otros estabilizadores ligeros en proyectos que no requieran estabilizarse en exceso.

ENTRETELA

La entretela puede encontrarse en una gran variedad de grosores, tanto en su versión termoadhesiva como en la cosida. Para bordar, una entretela ligera es suficiente. La entretela termoadhesiva se usa en proyectos cosidos a máquina.

ESTABILIZADORES RASGABLES Y RECORTABLES

Los estabilizadores rasgables son temporales y se retiran fácilmente después de bordar; los estabilizadores recortables son permanentes. Ambos están disponibles en diversos gramajes, según el grosor y el tipo de tela que vayas a bordar. Los estabilizadores recortables de gramaje ligero y medio son una buena opción para tejidos de punto y tejidos finos, ya que les proporcionan un refuerzo permanente y evitan que el bordado se deforme con el uso.

MONTAJE DEL BASTIDOR DE BORDAR

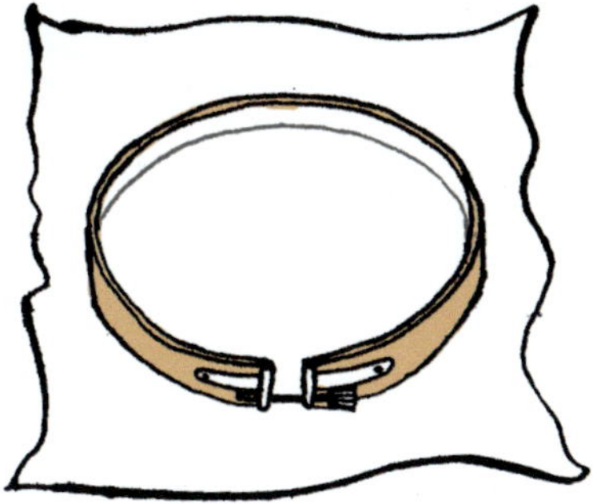

1 Para montar el bastidor de bordar, afloja el tornillo del aro exterior hasta que el aro interior quede suelto. Coloca el aro interior en una superficie plana y pon encima la tela, con el área a bordar centrada.

2 Presiona el aro exterior hacia abajo sobre la tela y el aro interior, asegurándote de que la tela quede tensa. Aprieta el tornillo para asegurar la tela.

3 Mantén la tela tensa mientras bordas tirando de los bordes suave y uniformemente cada cierto tiempo, con cuidado de no deformar el diseño. Si la tela se escurre excesivamente mientras bordas, envuelve el aro interior con una cinta de algodón o añade una capa de muselina. Cose o pega los extremos de la cinta de algodón para mantenerlos fijos.

CÓMO TRABAJAR CON HILOS

CÓMO SEPARAR LOS HILOS

Si quieres separar una hebra de hilo de bordar de algodón, primero corta un trozo de unos 45 cm de largo. Sujeta un extremo del hilo con una mano y separa las hebras, una a una, con la otra; después, júntalas para conseguir el grosor deseado. Asegúrate de que los hilos no se entrelacen; podrás cubrir mejor el área que vas a bordar y hacer unas puntadas más regulares.

NUDOS DE INICIO Y REMATE

1 NUDO SIMPLE

Aunque los bordadores tradicionales lo desaprobarían, suelo empezar y rematar el hilo con un nudo simple en el revés de la tela. Para empezar un bordado con este método, solo tienes que enhebrar la aguja con un trozo de hilo que no supere los 45 cm y hacer un nudo en un extremo. Saca la aguja desde el revés de la tela allá donde quieras empezar a bordar, tira del hilo hasta que el nudo quede justo en el revés de la tela y empieza a bordar. Para rematar el hilo, clava la aguja hacia el revés y haz un nudo cerca de la tela. Corta el hilo sobrante.

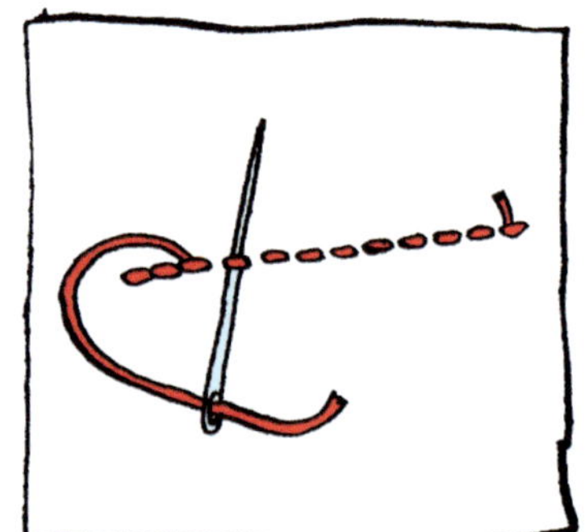

2 NUDO DESECHABLE

Los nudos desechables son útiles para mantener el revés del bordado liso. Para empezar un bordado con este método, haz un nudo en un extremo del hilo. Clava la aguja en el derecho de la tela, a unos centímetros de donde quieras empezar a bordar, y tira del hilo hasta que el nudo quede sobre el derecho de la tela. Cuando acabes de bordar, clava la aguja hacia el revés, entreteje el hilo varias veces con las puntadas cercanas para asegurarlo y córtalo. Tira suavemente del nudo desechable y córtalo con cuidado; después, tira del hilo hacia el revés de la labor. Vuelve a enhebrar el hilo, entretéjelo con las puntadas cercanas para asegurarlo y córtalo.

CÓMO PLANCHAR TELAS BORDADAS

A veces, quizá necesites planchar la tela bordada para prepararla para el siguiente paso de un proyecto.

Extiende la labor, con el derecho hacia abajo, sobre una superficie acolchada.

Calienta la plancha a una temperatura adecuada para la tela y los hilos, y usa vapor.

Si tu plancha no tiene ajustes de vapor, humedece un retal, colócalo sobre el bordado, y plánchalo para dar al bordado un golpe de vapor.

Fija la tela a mano, estirando suavemente y de manera uniforme para escuadrarla y alisarla mientras esté húmeda por el vapor. Asegúrate de que la tela esté seca antes de continuar.

TRUCO *Si estás bordando alguna pieza que tiene que lavarse, como ropa o manteles, te recomiendo que laves, seques y planches la tela antes de bordarla para evitar que se encoja después.*

TRUCO *Te recomiendo que tengas cerca un pequeño recipiente para guardar los trozos de hilo de unos centímetros de longitud. Va bien tenerlos a mano para pequeños proyectos en los que solo necesites dar unas pocas puntadas.*

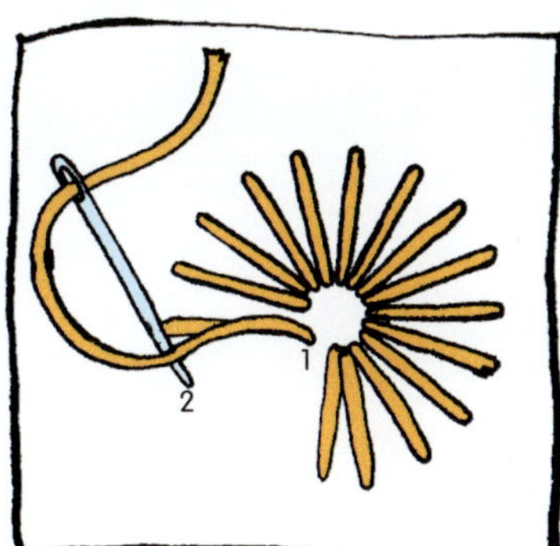

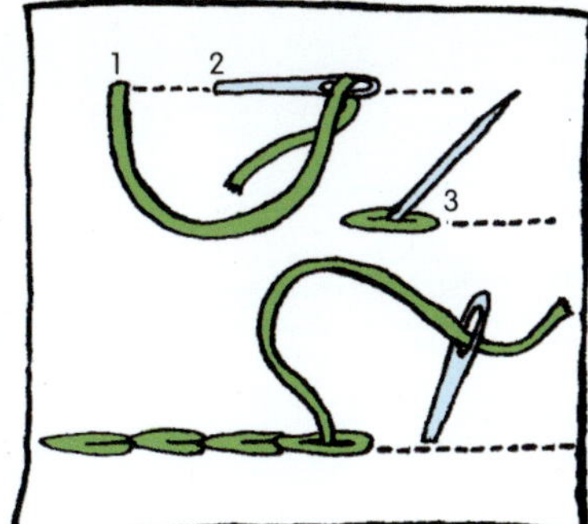

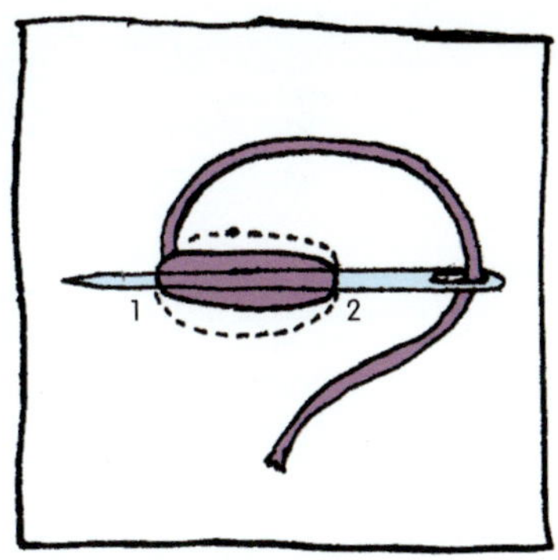

PUNTO LANZADO

Saca la aguja en 1 y clávala en 2. Repite el proceso tantas veces como sea necesario.

NOTA *Los puntos lanzados de longitudes similares que se bordan juntos en ángulos aleatorios se llaman* punto de semilla.

PUNTO PARTIDO

Saca la aguja en 1 y clávala en 2. Tira del hilo firmemente. Vuelve a sacar la aguja en 3 a través del centro de la puntada anterior. Repite el proceso tantas veces como sea necesario.

PUNTO DE ARENILLA

Saca la aguja en 1 y clávala en 2. Repite el proceso, sacando y clavando la aguja siempre en los mismos agujeros. Da tantas puntadas como sea necesario, hasta que el punto alcance el tamaño deseado.

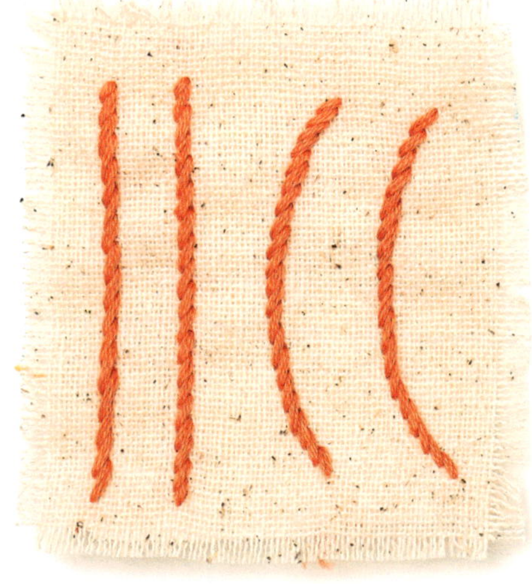

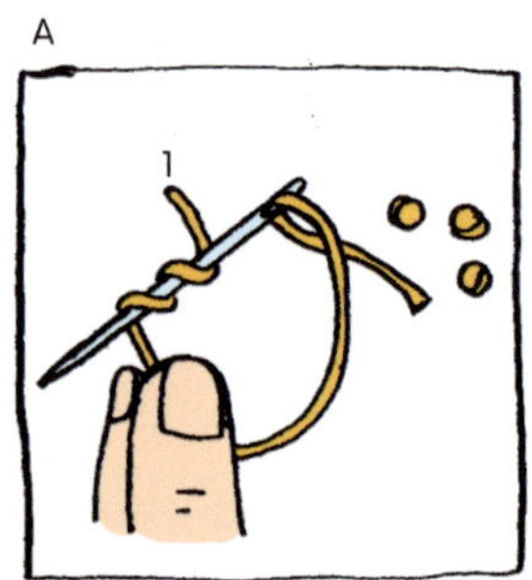

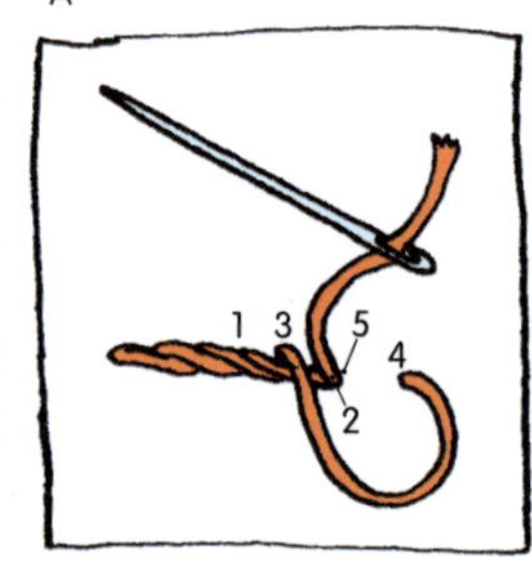

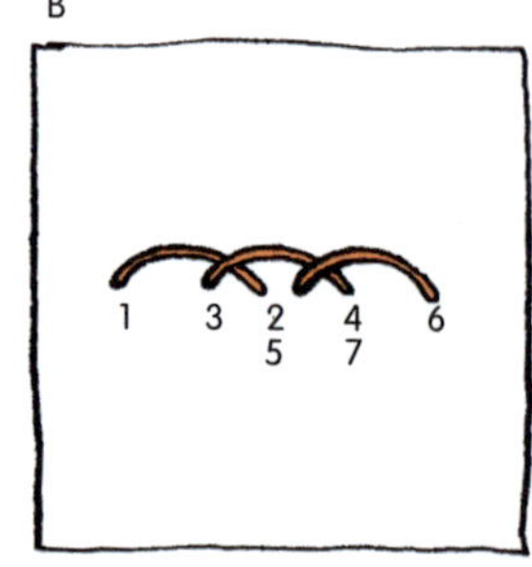

PUNTO DE NUDO FRANCÉS

FIG. A

Saca la aguja en 1. Tensa el hilo y sujétalo con el índice y el pulgar de la otra mano. Enrolla el hilo, tensándolo, dos veces alrededor de la punta de la aguja.

FIG. B

Mientras sujetas el hilo, clava la aguja muy cerca de 1 y tira del hilo para que las vueltas del hilo queden sobre el derecho de la tela. Repite el proceso tantas veces como sea necesario.

NOTA *Para hacer puntos de nudo francés más pequeños, enrolla el hilo en la aguja una sola vez en la FIG. A. Para hacer puntos de nudo francés más grandes, enrolla el hilo tres o cuatro veces.*

PUNTO DE TALLO

FIG. A

Saca la aguja en 1, clávala en 2 y sácala en 3, a mitad de camino entre 1 y 2, por encima de la puntada. Clava la aguja en 4 y sácala cerca de 2 (en 5), por encima de la puntada. Repite el proceso hasta alcanzar el final de la línea. Cada puntada debería tener la misma longitud, y empezar en la mitad de la puntada anterior.

FIG. B

Para conseguir una línea más gruesa, inclina la aguja de manera que se clave bajo la línea y salga por encima de esta, ligeramente por encima del final de la puntada anterior.

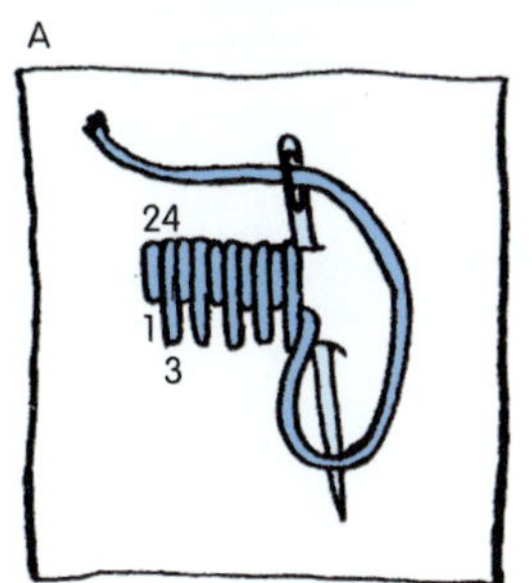

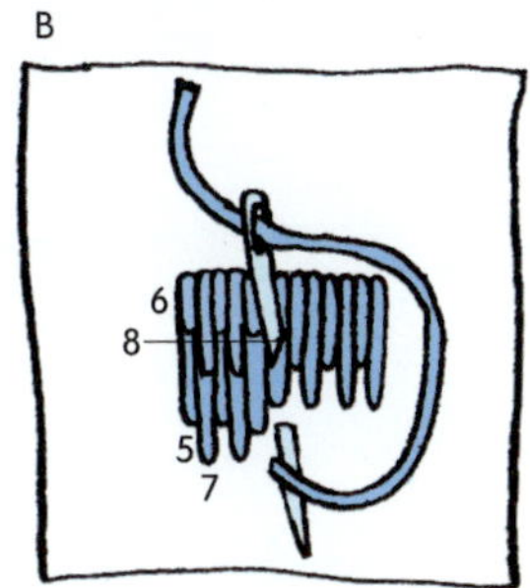

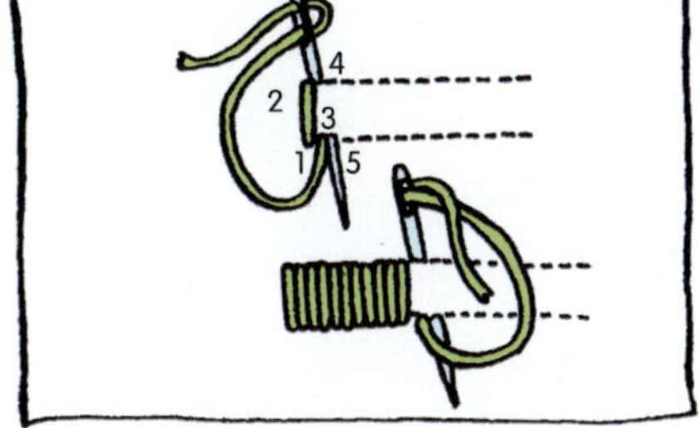

PUNTO MATIZADO

FIG. A

Empieza bordando a lo largo de la línea del contorno con una fila de puntos largos y cortos: saca la aguja en 1, clávala en 2, sácala en 3 y clávala en 4. Repite el proceso.

FIG. B

Para la segunda fila, saca la aguja en 5 y clávala en 6, perforando la base del punto corto situado encima. Repite el proceso. Los puntos de la segunda hilera y los siguientes deberían tener la misma longitud; solo la primera y la última hilera usan una combinación de puntos largos y cortos. Termina con una hilera de puntos largos y cortos.

PUNTO DE SATÉN

Saca la aguja en 1, clávala en 2, sácala en 3, clávala en 4 y sácala en 5. Repite el proceso tantas veces como necesites. Los puntos deberían estar muy juntos, sin dejar que se vea la tela entre ellos.

NOTA *Para un borde mejor definido y con un poco de realce, primero borda un contorno con punto partido (pág. 111) o punto de tallo (pág. 112) y después borda con el punto satén descrito, justo sobre el contorno bordado.*

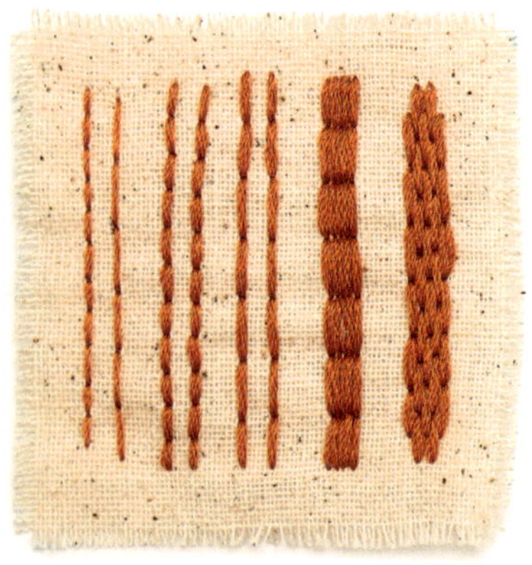  

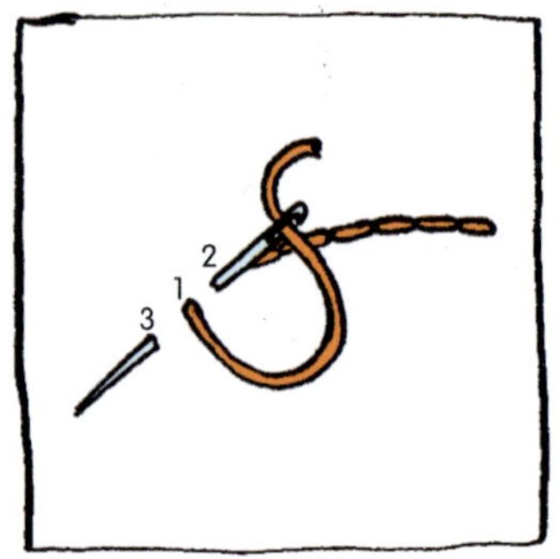 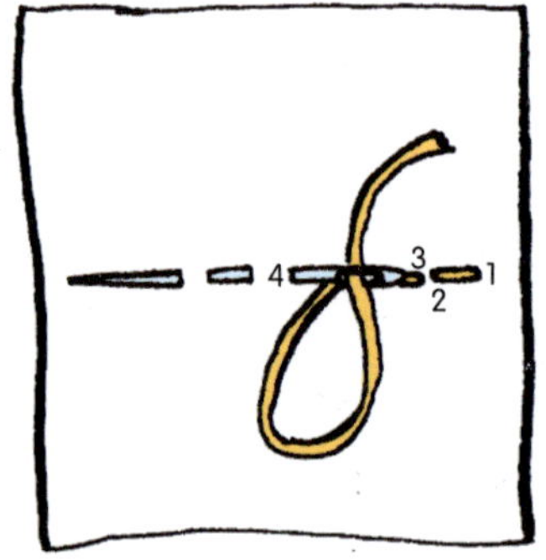 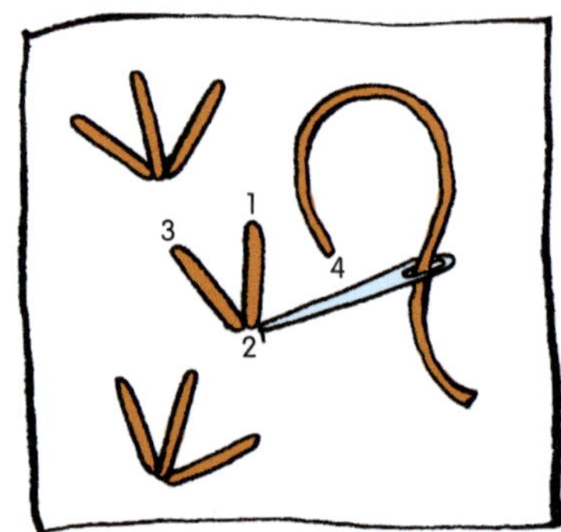

PUNTO ATRÁS

Saca la aguja en 1, clávala en 2 y sácala en 3. La distancia entre 1 y 2 debería ser la misma que la distancia entre 2 y 3. Empieza la siguiente puntada clavando de nuevo la aguja en 1. Repite el proceso tantas veces como sea necesario, manteniendo constante la longitud de los puntos.

PUNTO DE BASTILLA

Saca la aguja en 1, clávala en 2, sácala en 3 y clávala en 4; ya puedes empezar la siguiente serie de puntos. Estos pueden tener la misma longitud, para dar una apariencia uniforme, o longitudes variables, para crear un patrón.

PUNTO DE HELECHO

Saca la aguja en 1 y clávala en 2 para hacer el punto central en la dirección requerida. Saca la aguja en 3, clávala en 2, sácala en 4 y vuelve a clavarla en 2. Repite el proceso tantas veces como sea necesario.

Los tres puntos de cada grupo pueden ser todos de la misma longitud y mantener el mismo ángulo entre sí, o variar, según sea necesario, para crear un efecto de frondosidad.

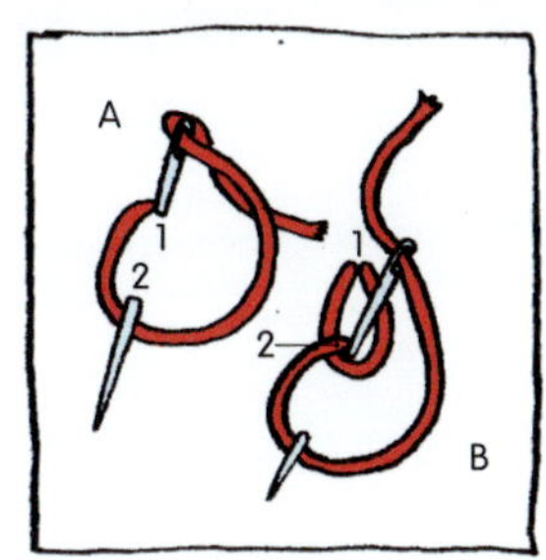

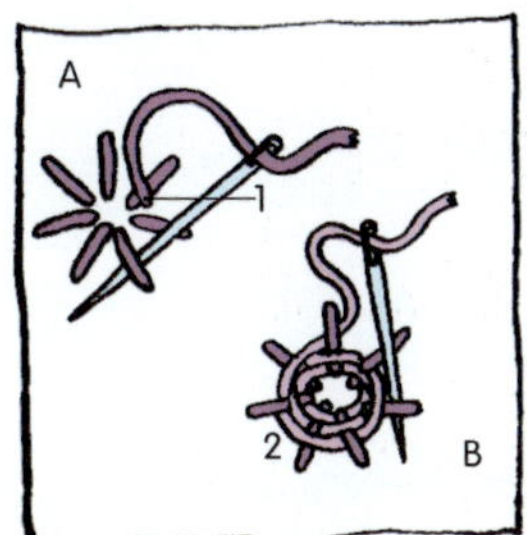

PUNTO DE CADENETA

FIG. A

Saca la aguja en 1 y clávala en el mismo
sitio, dejando un bucle de hilo sobre la
superficie de la tela. Saca la aguja en 2,
por dentro del bucle, y clávala en el mismo
punto, tirando del hilo para cerrar el
primer bucle mientras haces el segundo.
Repite el proceso tantas veces como
necesites. Para rematar, da una puntada
diminuta sobre el último bucle. De este
modo, lo asegurarás.

PUNTO DE MARGARITA (FIG. B):

Saca la aguja en 1 y clávala en el mismo
sitio, dejando un bucle de hilo sobre la
superficie de la tela. Saca la aguja en 2,
por dentro del bucle, y clávala fuera del
mismo, dando una puntada diminuta para
sujetarlo. Repite el proceso tantas veces
como necesites.

RUEDAS TEJIDAS

FIG. A

Dibuja un círculo en la tela y divídelo con
un número impar de puntos situados a la
misma distancia entre sí. Trabaja con un
número impar de puntos radiales, sacando la
aguja en los puntos externos y clavándola
en el centro. Enhebra el hilo en una aguja
con la punta roma en 1.

FIG. B

Entreteje el hilo por encima del primer
radio y por debajo del siguiente. Repite
el proceso tantas veces como sea necesario,
hasta que llegues al final de los radios.
Tira con firmeza de las primeras vueltas
tejidas para que el centro quede cerrado,
pero haz las siguientes vueltas más flojas
para que la rueda quede plana. Cuando hayas
completado el tejido, clava la aguja en la
vuelta previa (por ejemplo, en 2) y tira del
hilo hacia el revés de la tela.

hello

BASTIDOR "HELLO"

- Páginas 16-19
- 11,5 cm de ancho; 5,4 cm de alto
- Tamaño real

BASTIDOR CON FLORES SILVESTRES

- Páginas 24-27
- 10 cm de diámetro
- Tamaño real

Fotocopiamos las plantillas necesarias en el tamaño indicado, o también podemos visitar este enlace para descargarlas e imprimirlas a tamaño real:
https://editorialgg.com/plantillas-morgan-bordar

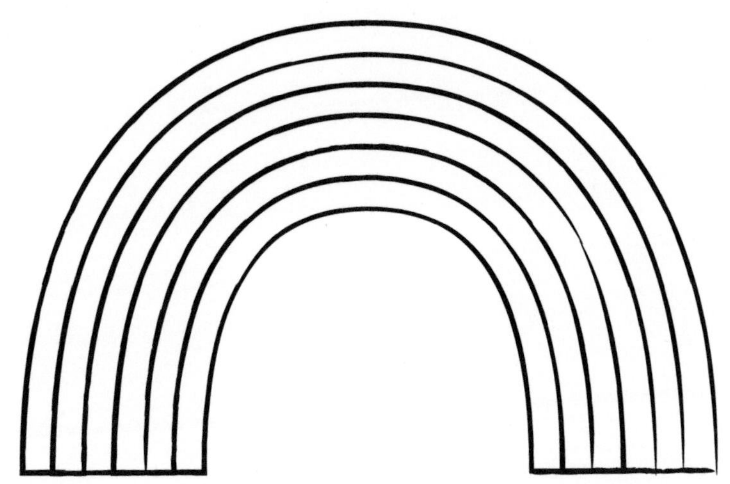

BASTIDOR CON ARCO IRIS

- Páginas 28-33
- 9 cm de ancho; 6 cm de alto
- Tamaño real

BASTIDOR CON INICIAL

- Páginas 34-37
- 7,5 cm de ancho; 4 cm de alto
- Tamaño real

BASTIDOR CON ABEJAS

- Páginas 38-41
- 6,5 cm de ancho; 1,5 cm de alto
- Tamaño real

Guía de posicionamiento

BASTIDOR CON EL SÍMBOLO DE LA PAZ

- Páginas 42-45
- 6,5 cm de ancho; 14 cm de alto
- Tamaño real

Cactus A

SERVILLETAS CON CACTUS

- Páginas 58-61
- A: 5 cm de ancho; 5 cm de alto
- B: 4,5 cm de ancho; 7 cm de alto
- Tamaño real

Cactus B

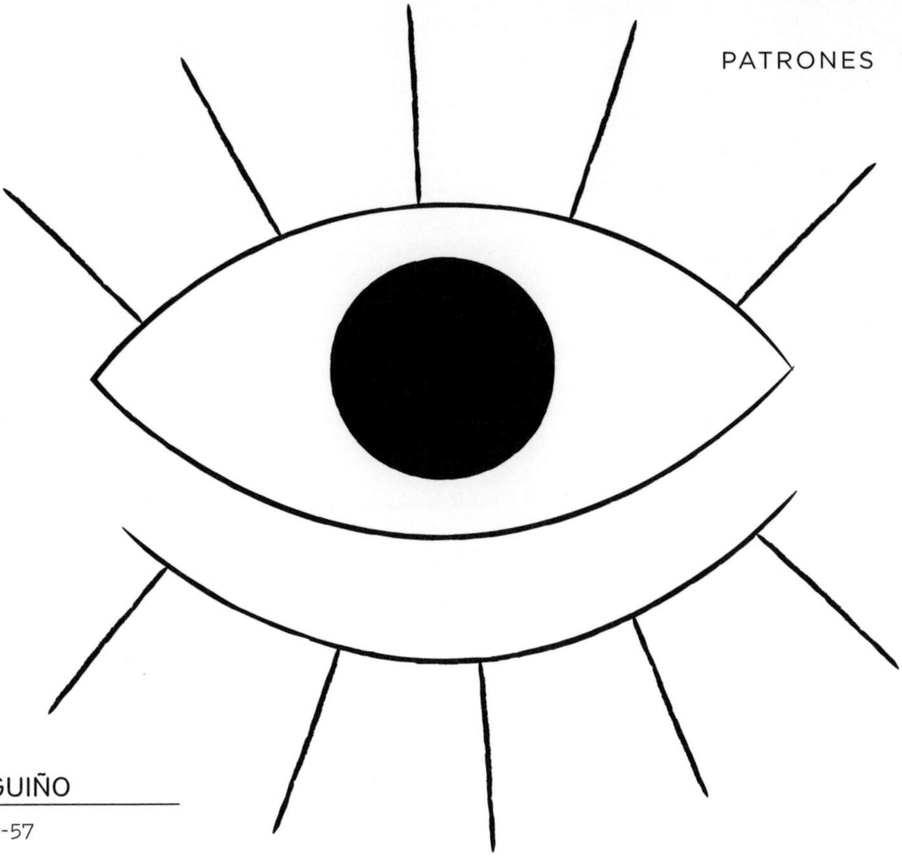

COJÍN CON GUIÑO

- Páginas 54-57
- 23 cm de ancho; 11 cm de alto
- Tamaño real

NECESER DE MAQUILLAJE CON CREMALLERA

- Páginas 98-101
- 2,2 cm de ancho; 5 cm de alto
- Patrón al 40 % del tamaño real

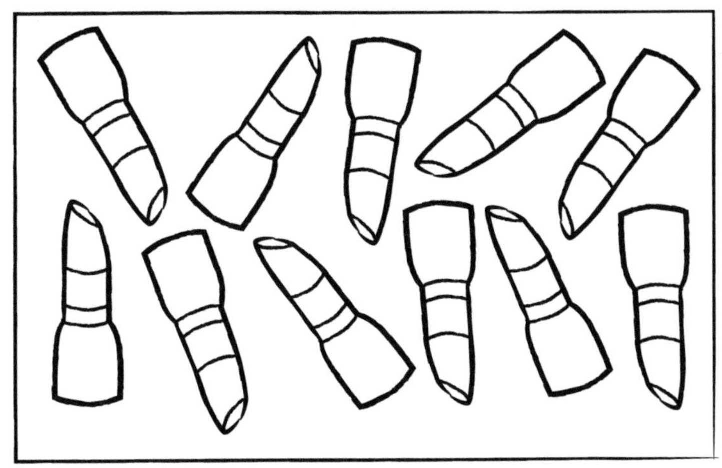

Pieza principal para la tela exterior (x 2) y para la tela interior (x 2)

GUIRNALDA DE BANDERINES

- Páginas 50-53
- Altura de las letras mayúsculas: 4,5 cm
- Patrón al 39 % del tamaño real

Aa Bb Cc Dd
Ee Ff Gg Hh Ii
Jj Kk Ll Mm Nn
Oo Pp Qq Rr
Ss Tt Uu Vv Ww
Xx Yy Zz æ ø / ,
´ ` ^ ˇ ¨ – ~ ˘ °

ALFABETO ALTERNATIVO

- Para la *Guirnalda de banderines* (págs. 50-53) y la *Bolsa con amuleto de pompones* (págs. 94-97)
- Altura de las mayúsculas: 4,5 cm
- Patrón al 30 % del tamaño real

kindness

BOLSA CON AMULETO DE POMPONES

- Páginas 94-97
- 14 cm de ancho; 13 cm de alto
- Tamaño real

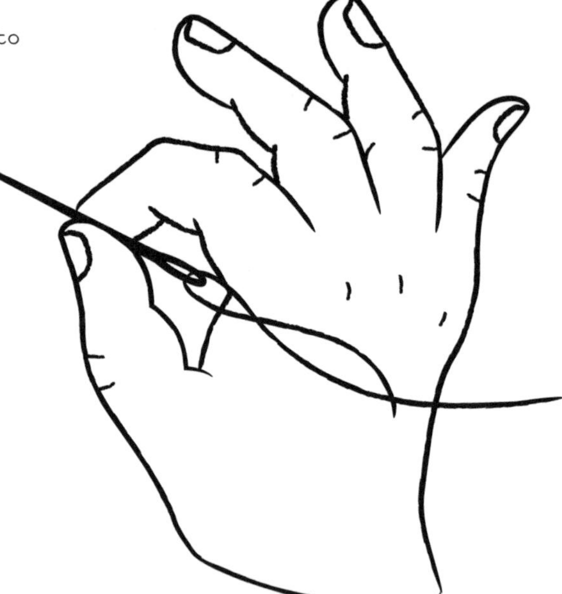

PARCHE CON MANO Y AGUJA

- Páginas 102-105
- 7 cm de ancho; 8 cm de alto
- Tamaño real

FUNDA DE GAFAS CON BORDADO DE SANDÍAS

- Páginas 80-85

Pieza principal para la tela exterior (x 2), el forro (x 2) y la entretela (x 2): 13 cm de alto; 20 cm de ancho

Patrón al 50 % del tamaño real

Pieza de la pestaña para la tela exterior (x 2): 7 cm de alto; 13 cm de ancho

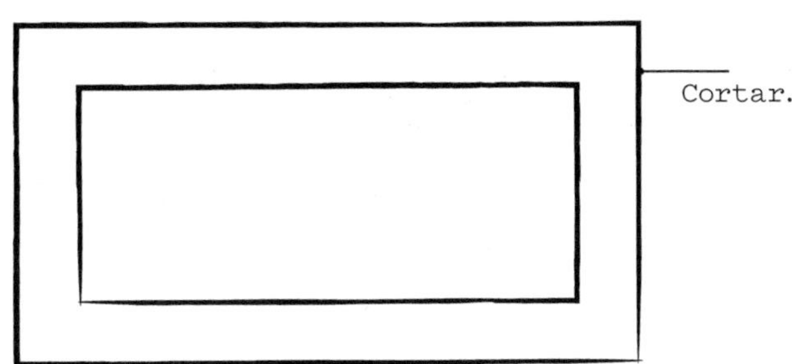

Patrón al 50 % del tamaño real

FUNDA DE RAYAS PARA MACETAS

- Páginas 62-65
- Patrón al 23 % del tamaño real

Pieza principal para la tela exterior (x 2) y para el forro (x 2)

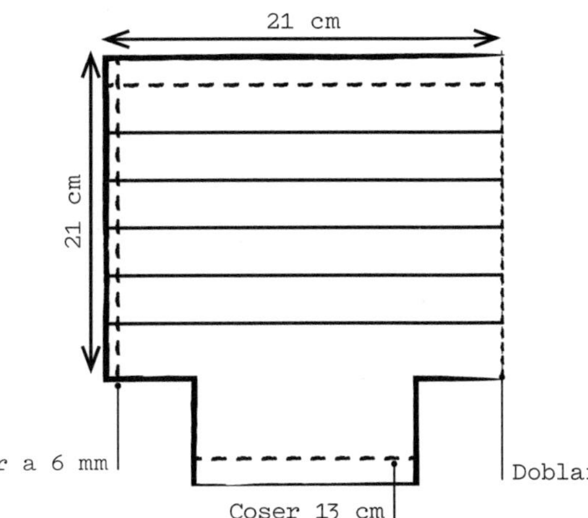

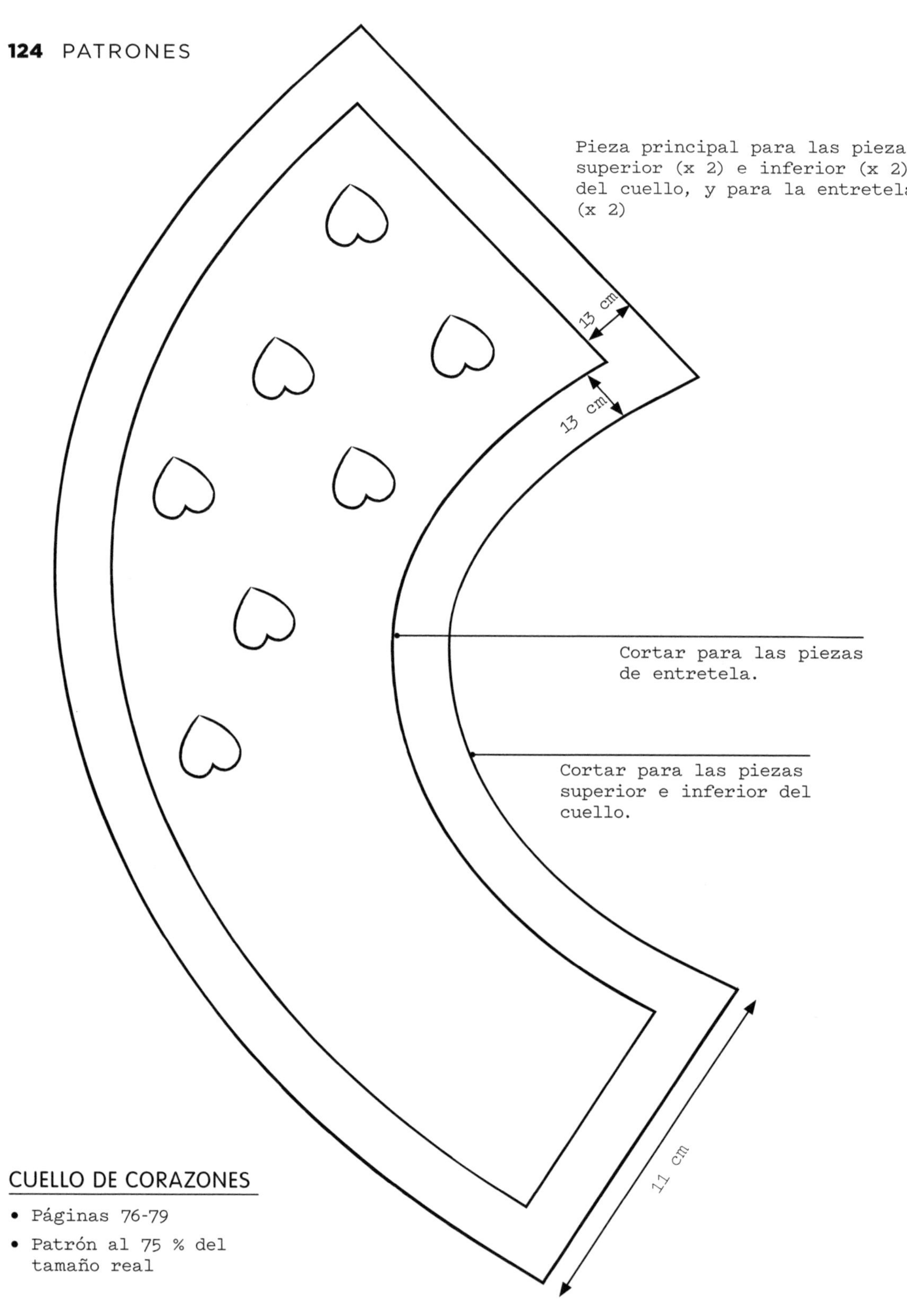

CUELLO DE CORAZONES

- Páginas 76-79
- Patrón al 75 % del tamaño real

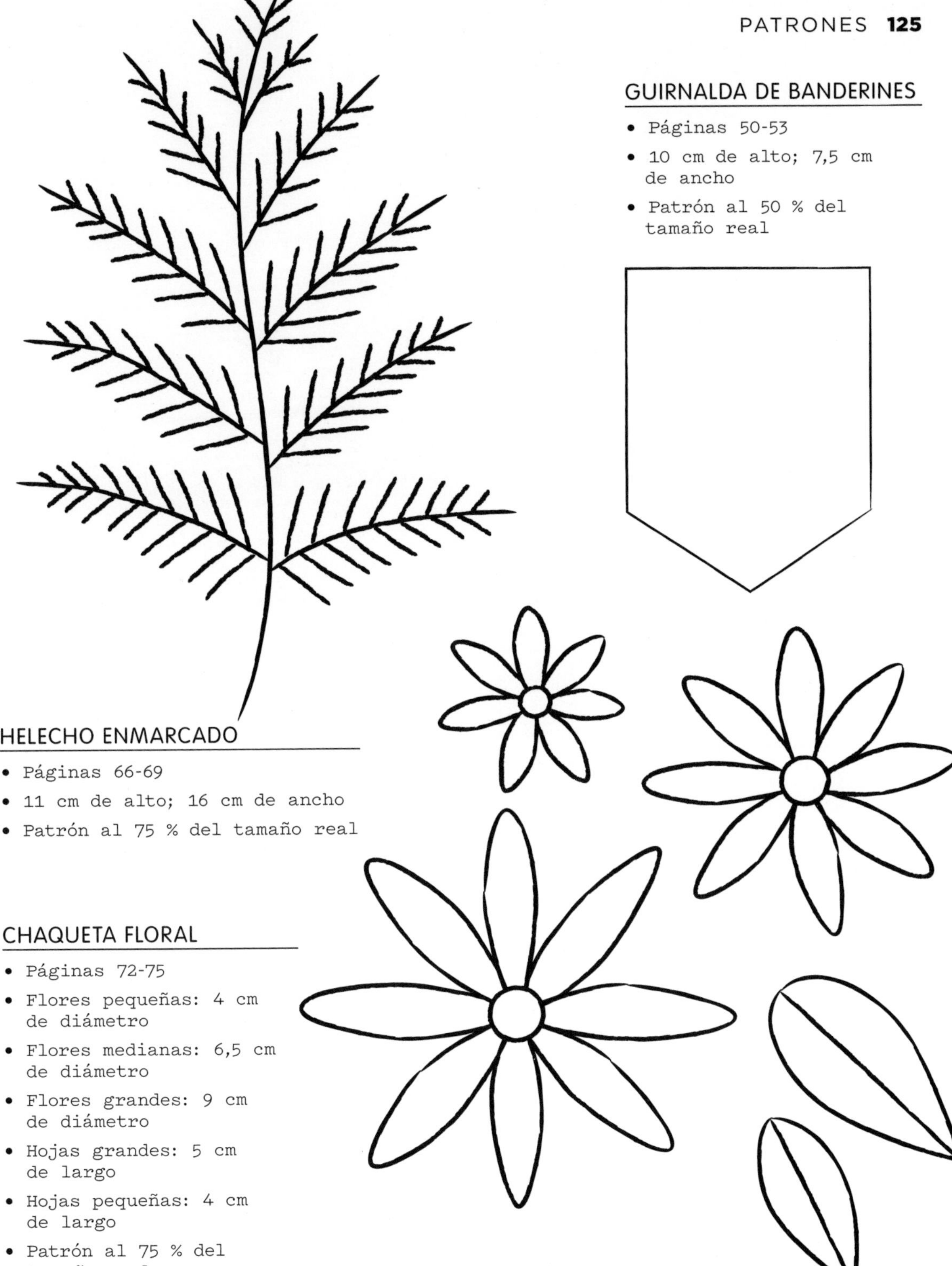

GUIRNALDA DE BANDERINES

- Páginas 50-53
- 10 cm de alto; 7,5 cm de ancho
- Patrón al 50 % del tamaño real

HELECHO ENMARCADO

- Páginas 66-69
- 11 cm de alto; 16 cm de ancho
- Patrón al 75 % del tamaño real

CHAQUETA FLORAL

- Páginas 72-75
- Flores pequeñas: 4 cm de diámetro
- Flores medianas: 6,5 cm de diámetro
- Flores grandes: 9 cm de diámetro
- Hojas grandes: 5 cm de largo
- Hojas pequeñas: 4 cm de largo
- Patrón al 75 % del tamaño real

ÍNDICE DE MATERIAS

HILOS DMC

Quiero dar las gracias a DMC, que generosamente me ha proporcionado los hilos de bordar usados en este libro. Fundada en Francia en 1746, DMC aún produce los hilos de bordar de algodón favoritos de todo el mundo en su icónica fábrica de Mulhouse. Allá donde haya alguien bordando, encontrarás los premiados hilos DMC como nexo de unión entre generaciones de exigentes bordadores y apasionados artesanos. Descubre más en www.dmc.com.

Bastidor "Hello"

- DMC 832 Verde oliva dorado
- DMC 917 Ciruela

Bastidor con confeti

- DMC 3341 Albaricoque
- DMC 943 Aguamarina
- DMC 892 Clavel
- DMC Blanco crudo
- DMC 564 V LT Jade
- DMC 444 DK Limón
- DMC 917 Ciruela
- DMC Light Effects Precious Metals E3821 Dorado
- DMC 796 Azul real
- DMC 761 Salmón
- DMC 519 Azul cielo
- DMC 554 Violeta

Bastidor con flores silvestres

- DMC 351 Coral
- DMC Blanco crudo
- DMC 832 Verde oliva dorado
- DMC 895 V DK Verde botella
- DMC 754 LT Melocotón
- DMC 580 DK Verde musgo
- DMC 3820 DK Amarillo paja
- DMC 780 Ultra V DK Topacio

Bastidor con arco iris

- DMC 3341 Albaricoque
- DMC 3813 Azul verdoso
- DMC 892 Clavel
- DMC 950 Arena
- DMC 917 Ciruela
- DMC 152 Rosa nacarado

Bastidor con inicial

- DMC 3813 Azul verdoso
- DMC Blanco crudo
- DMC 832 Verde oliva dorado
- DMC 3801 V DK Sandía
- DMC 754 LT Melocotón
- DMC 3820 DK Amarillo paja

Bastidor con abejas

- DMC 310 Negro
- DMC 3820 DK Amarillo paja
- Algodón perlé, negro, número 12

Bastidor con el símbolo de la paz

- DMC 310 Negro
- DMC 666 Rojo vivo

Guirnalda de banderines

- DMC 943 MD Aguamarina
- DMC 666 Rojo brillante
- DMC 351 Coral
- DMC 754 LT Melocotón
- DMC Light Effects Precious Metals E3821 Dorado
- DMC 3820 DK Amarillo paja

Cojín con guiño

- DMC 310 Negro

Servilletas con cactus

- DMC 310 Negro

Funda de rayas para macetas

- DMC 310 Negro
- DMC Blanco crudo

Helecho enmarcado

- DMC 943 MD Aguamarina

Chaqueta floral

- DMC 3727 LT Malva
- DMC 3341 Albaricoque
- DMC 3813 Azul verdoso
- DMC 666 Rojo brillante
- DMC 351 Coral
- DMC 832 Verde oliva dorado
- DMC 732 Verde oliva
- DMC 917 MD Ciruela
- DMC 152 Rosa nacarado
- DMC 3820 DK Amarillo paja

Cuello de corazones

- DMC 3727 LT Malva
- DMC 666 Rojo vivo
- DMC 791 Azul aciano
- DMC 958 DK Verde turquesa medio
- DMC 964 LT Verde turquesa claro
- DMC 754 LT Melocotón
- DMC 3820 DK Amarillo paja
- Algodón perlé, negro, número 12

Funda de gafas con bordado de sandías

- DMC 310 Negro
- DMC Blanco crudo
- DMC 834 V LT Verde oliva dorado
- DMC 3801 V DK Sandía

Broches de fieltro con flores

- DMC 892 Clavel
- DMC Blanco crudo
- DMC 832 Verde oliva dorado
- DMC 823 DK Azul marino
- DMC 780 Ultra V DK Topacio

Colgante con bordado geométrico

- DMC 310 Negro
- DMC 943 MD Aguamarina
- DMC 666 Rojo vivo
- DMC 950 LT Arena

Bolsa con amuleto de pompones

- DMC 310 Negro

Neceser de maquillaje con cremallera

- DMC 310 Negro

Parche con mano y aguja

- DMC 310 Negro
- DMC Light Effects Precious Metals E3821 Dorado claro

AGRADECIMIENTOS

Dedico este libro a Clair, Henry y Jack, como agradecimiento por aguantar los pinchazos de esas agujas perdidas por el sofá. Lo sois todo para mí.

Un agradecimiento especial para la fotógrafa Tori Watson, que tomó las fotografías de las páginas 7, 8, y 9, en las que aparezco.